演劇思考

「人生」と「ビジネス」を成功に導く「ストーリー」

劇団ひまわり　砂岡 誠／山口 泰央／栗田 芳宏
途中塾　羽田 智恵子

プロローグ

私たちはどう生きるのか

AIの「大学入学試験合格率」は80％以上

日本は令和という新しい元号の年を迎えましたが、世界の政治経済を巡る国際情勢は予断を許しません。「グローバリゼーションの進展」と「デジタライゼーションの時代」に、世界はこれからどのような時代に突入していくのか、未知の時代の到来に誰もが不安を持った毎日を過ごしています。私たちが平和で豊かな人間社会を持続的に形成していくために、これから私たちは、どのような視点で毎日の生活をしていくべきでしょうか。

２０２０年初頭に発生した新型コロナウイルス感染問題は世界を混乱に陥れました。予定されていた２０２０年東京オリンピック・パラリンピックは歴史的に初めて延期されるほど、その影響は甚大です。だれもが予測していなかった人類未曾有の感染症は、人と人、国と国を隔離するほどに拡大していきました。

本書では迫り来る生活環境の社会変化を予測しながら、これからの働き方を含めた毎日のなかで求められていることは何か。時代が大きく変化を遂げるなかで、どう生きていったらいいのか、さまざまなヒントをお伝えすることができないものか、という思いを込めてまとめたものです。

人間は誰もが生活を営み、毎日を懸命に生きています。いつしか家庭を持ち、子どもたちを育てながら家庭を築いていくためには、お金が必要です。よほどのお金持ちでない限り、人は社会に出て働かなければ生活費を手に入れることはできません。お金を得るためにはたとえ自分にとって嫌なことだとしても、我慢して働かなければならないわけです。

お金のつながりによる社会を社会学では、「物質化社会」と呼びます。また、お金や利益を目的とした社会を経済学では、「市場社会」と呼んでいます。私たちは物質化社会、市場社会のなかで生活しているのです。こうした市場社会のなかでどう生きていくのか？　また、来たるべきハイパーグローバリゼーションの「未知の時代」のために準備しておくことが必要なのです。

実際にグローバリゼーションの波が訪れるなか、具体的には高度な情報通信技術の発達が私たちの生活を大きく変えようとしています。その最たるものが５Ｇ（第5世代移動通信システム）やＩｏＴ（モノのインターネット）の技術の実用化とＡＩ（人工知能／Artificial Intelligence）とロボットの汎用化です。オックスフォード大学と野村総研の２０１９年３月の研究によれば、５～10年の先には日本人の仕事の49％はＡＩやロボットに変えられてしまうと予測しています。

また、ＡＩの実力は現時点における大学入学試験において80％以上の確率で大学に合格できるそうです。そうすると、令和元年に誕生した子どもたちが大学に進学する頃には、ほとんどの受験生たちは、知識量やデータなどを解読する能力でＡＩに負けてしまうことになります。これが現実になれば、大変なことです。

小学生や中学生たちが学習塾で一生懸命に学習し、高い教育費を負担してトップレベルの大学へ進学を目指してもＡＩの計算能力に負けてしまい、大学を卒業して社会に出る頃には、多くの仕事はＡＩやロボットに変えられてしまう社会となる可能性が高いからです。いわゆるＡＩやロボットが人間の実力を超えてしまう「シンギュラリティ」が近づいているのです。どうしてこのような社会になってしまうのかといえば、市場社会が技術の発達とともに大きく先行していることが原因であると考えています。

このような時代に、あなたならどのように生きていきますか。

その解決の一つが、本書のなかにあります。ＡＩやロボットは人間の仕事を奪ってしまう恐れはありますが、汎用性の方法によっては人間社会に大いに役立つものです。たとえば、医療や介護、輸送手段などへの汎用は人手不足の解消につながります。一方で、軍事力や市民の監視システムの汎用性には、社会が極端に統制される危険性をともなうものがあります。利潤の追求を目指した市場社会では、さらなる利益獲得のために、私たちの想像以上の仕事を奪ってしまうかもしれません。

人間の能力を活かす

しかし、ＡＩやロボットには、いくつか弱点があります。

・言葉の微妙な意味の違いが理解できない
・創造的な仕事が苦手
・人間の手を活かした繊細な仕事ができない

などです。現時点では、人間が経験したこと以上の仕事ができないのです。よくいわれる人間の左脳と右脳の機能において、クリエイティブな活動をする右脳の役割が不足しているのです。

ところで、シンギュラリティについては盛んに専門家や有識者の間で議論されていますが、その前提として、これらの３つの特性を理解し、私たちなりに準備しておく必要があります。

実は、ロボットが苦手なこれらの特性を鍛える方法があります。それは第７芸術といわれる「演劇」の持っている魅力を活かすことなのです。演劇には言葉の意味を理解していく「学習能力」「協働や物語性の追求による創造性を身につける力」があり、そして「五体を使った人間的な表現テクニックを学ぶ」ことが可能なのです。

演劇と聞くと、何か特別なむずかしいもので一般の人たちには関係ないもの、別世界のものと思われるかもしれません。しかし、よく考えてみると演劇的な行為は、普通の人たちが誰もが毎日行なっていることなのです。私たちは朝起きてから夜寝るまでの間に、誰もが知らず知らずのうちに日常生活のなかで演劇的な行動をしているのです。

私たちの日常の生活は、映画やドラマのように物語として連続してつながっていません。映画やドラマは撮影したあとに編集をして決められた長さの時間で作品化していくのですが、私たちの一日は映画やドラマのように編集されていませんから、物語のようにつながっていないのです。

もし、誰かを主人公にして、その一日をカメラで追いかけて撮影していくと、どんな人でも一日の映像は、途切れ途切れの場面がつながったものになっているはずです。これでは物語として成立していないので、本人以外が観た場合、その行動の映像はまったくおもしろくありません。

ところが、どんな人でも楽しいことや悲しいこと、辛いことがあるので、個人としてみれば連続した悩みや喜びを持っている人それぞれの物語になっています。日々の暮らしのなかで生まれる数々の場面は、感情がともなった（存在した）うえで、行動につながっているのです。実は、個人が気づかない頭のなかで、その編集作業が行われているのです。

もう少し具体的に説明すると、毎日の不連続な映像場面をカット割にして紙芝居のようにしていくと、その編集法によって一つの物語が成立します。その場合、あなたが主役だとしたら、一つひとつの場面が、とても重要になります。これが映画やドラマでいう「カット割場面」です。

あなたは俳優ではないので、いつも意識してポーズをとることはないはずですが、人前で表現や主張などをする場合には、何かしら緊張している自分がそこにいることに気づくはずです。もうおわかりのことと思います。この場面は、演劇のシーンと同じなのです。

生活のなかにある演劇

では、なぜ、演劇というものがあるのか？

ＡＩやロボットの時代を迎えているから演劇が必要であるということではありません。演劇には総合芸術として、「人間生活に応用できる」さまざまな役割があるのです。

演劇が誕生したのは、ギリシャ・アテネの時代ですから、ＡＩやロボットの出現を想定して誕生したのではないことは明らかです。人間は誰でもコミュニケーションをとりながら生活しています。コミュニケーションの手段は言葉と動作があり、どちらも感情が含まれます。コミュニケーションの基本は、「身振り手振り」によるオーソドックスな人間が生み出した手法が有効です。

最近はインターネットやＳＮＳが普及し、コミュニケーションの取り方の選択肢が多様化されていますが、文字によるコミュニケーションは最後にあるべき手段だと思います。文字だけでコミュニケーションを取ることには限界があり、いうまでもありませんが、大切なメッセージやプロポーズは、メールという手段のみで送れば、よほどのことでない限り、うまくいかないことでしょう。

演劇は、身体と言葉を使ったコミュニケーションが基本行動です。すべては、「自分以外の他者を認める」ことからはじまります。また、「自分が他者になる」こともできます。これにより相手の立場や気持ちを理解して、自らの言葉（思い）を相手に伝えていくことも可能にできます。

ギリシャ・アテネの時代に演劇のセリフは、神の言葉として人々に伝えられていたのです。

また、重要なことですが、演劇はバレエやオペラ、オーケストラなどとの総称でいう「舞台芸術（Performing

Arts)」に含まれ、舞台芸術は「文化芸術（Arts & Culture）」の基盤となるものです。そして文化芸術は長い年月をかけて「文明（Civilization）」を築いていくことにつながっていくのです。意外と知られていませんが、今日の「世界の文明」と呼ばれるものは、それほど多くはありません。第1幕では「文明」という言葉をキーワードにして読み進めていただきたいと思います。

本書では、普段は縁も興味もない「演劇というもの」が、「これからの日常生活で役立つツール」として、ＳＮＳなどを利用することと同じように身近な存在であることを解説していきます。そのために演劇の定義や歴史的な背景についても触れていきますが、ここはむずかしく考えないでください。理解しにくいところやわからないところは飛ばして読んでいただいてもいいと思っていますが、全体像だけはつかんでください。きっと仕事と人生の「ステキな物語づくり」のヒントになると思います。これをきっかけに多くの人たちが、よりよい人生と仕事に出会えることを切に願っています。

目次

第3幕　演じることは人を動かす

幕あい

第4幕［ワークショップ］　俳優の対話力を暮らしに活かす

第5幕［栗田メソッド］「演劇・五観書」

第6幕　どんな仕事にも表現と演技力

終幕　ドラマの先に望む本物の価値

エピローグ　物語の先にあるもの

第1幕

自分の想いを伝える

人間にある信頼関係を築く力

私がまだ生まれていない頃、終戦間近かの昭和20年3月の東京大空襲で浅草にあった両親たちの家は焼かれ、着の身着のまま逃げて、家族で春先のまだ寒い日に隅田川に飛び込んだという話を聞いたことがあります。母のお腹のなかには、私の姉がいました。川に飛び込んだため顔が泥だらけになったものの、全員が無事であることを確認できたあと、みんなで顔を見合わせて、笑いが漏れてきたそうです。

母は、すでに亡くなりましたが、息を引き取る前日の冬の暖かな日の庭でのことでした。「生まれ変わっても、また家族になりたいね」と、笑顔で私にいい残して、翌日に息を引き取りました。亡くなるときには私の手をしっかりと握り、「お世話になりました。ありがとう」と声をかけてくれました。それが最後の言葉でした。これは本当にあったことです。

それからしばらくして、母のような笑顔は、いったいどこから訪れたものなのか考えたことがあります。それは苦難を乗り越えた体験がもたらすものだと思いました。それはおそらく幼少のころからの貧しさや苦労から描かれた、その人の人生の物語から訪れるものではないかと、確信するようになりました。

そしてもう一つ大切なことは、「相手に伝えていく」ということです。人が人に思いを言葉にして伝えていくことが大切で、伝えることにより相手のことを認めて協力し合う信頼関係が成立しているのです。社会は、人と人が協力し合わないと良くならないのです。

もう一つ紹介したいお話があります。5歳の女の子を病気で亡くしたシングルマザーの体験です。この母親は娘を亡くした罪悪感からずいぶん長い間抜け出せず、前向きに生きていくことができない苦しい日々を過ごしていました。毎年、母の日を迎えると、「自分とは無縁の日」と、はなから遠ざけて過ごしていたのです。しかし、ある年の母の日のことです。亡くなった娘の持ち物を整理したいとふと思い立ったところ、偶然に子どものポシェットから自分に宛てられた手紙を見つけたのです。

そこには、「おかあさん、いつもありがとう」という言葉が、たどたどしい文字で書かれていました。娘が母の日に渡そうとした思いから書いておいた手紙でした。このメッセージを受け取って以降、母親は人生を前向きに生きていけるようになったのです。母親は亡くなった5歳の娘から、生きていく勇気をもらったのです。

日常のなかの物語に感動できる私たち

なぜ、こんな話を私が冒頭からするのかというと、こういったケースの体験と言葉の意味は、AIやロボットには理解できないからです。たとえば、子どもから母親に届いた「ありがとう」は、現時点ではロボットには正確に伝わらないのです。

「共感」という感情はAIやロボットには伝わらないのです。

私たちのありふれた日常のなかにある、それぞれが紡ぎ出した物語は、人間でなければ感動することはできません。人間はまったく同じ人間として生まれ変わることはできないし、また同じ人生を経験することもできないからです。

そして、ＡＩやロボットが汎用化される時代でなくとも、人がどのように自分らしく生きていくのかという大切なキーワードは「物語」ではないかと私は確信しています。

なぜ、こうした感情が、人だけに育つのでしょうか。

人は幼児のころから両親をはじめ、周りの大人たちが用意した絵本に触れ、音楽に親しみます。音、絵、言葉（文字）などに囲まれて成長していくからです。物心がつき、心と体が成長していくにつれ、自分の意思で踊ったり、歌ったり、手を使って細工ができるようにもなります。さらに学校にも通うようになり、一人だけでなく、複数の仲間たちと共に「音楽」「舞踊」「絵画」「彫刻」「文学」（「5つの芸術」と呼ばれている）に触れる機会が増え、自らの意思で学ぶ習慣を身につけていきます。これが人間だけが持つ文化や芸術の成り立ちにつながっていくのです。

では、言葉や文字のない時代に人は、どうやって相手の心の動きを知ることができたのかというと、それは「身振り手振り」によるコミュニケーションだったのです。こうしたコミュニケーションは「人と人との信頼関係」が前提になります。これは演劇の手法とまったく同じです。演劇は、相手を認めるという信頼関係がなければ成立しません。ビジネス社会もまったく同じことがいえるのだと思います。

コミュニケーション（Communication）の動詞はCommunicate（情報を伝達する）ですが、ギリシャ語のCommunis（分かち合う）と同じ意味です。すなわちコミュニケーションには「共同」という意味が含まれているのです。人と人との信頼関係は、身振り手振りなどの「対面」という状況によって共通の価値を認識していくことにつながるのです。

利益を追求した社会の到着地は？

ところが、芸術といわれる「音楽」「舞踊」「絵画」「彫刻」「文学」のあとに第6芸術として建築が出現するころの社会になると、市場社会が拡大して富と権力を追求していく世界に大きく変わっていきます。これによって人間は助け合う心に変化が生じて、自己の利益となる貯蓄（ストック）を目指した活動に積極的になります。

5番めの芸術が生まれたころまでは、どちらかといえば、共同体社会（血縁に基づく家族のように、人間にもともと備わる意思によって結合した社会／家庭内経済をベースとしたもの）でした。ところが、6番めの建築が誕生し、7番めの演劇が誕生する頃には、人間は貯蓄を拡大していくためのステートつくり（国づくり）の方向にエネルギーを注ぐようになっていったのです。「共同体社会」から「市場社会」へシフトしていく過程で人間の性格も大きく変化していきました。

何が最も変わったのでしょうか。

まず、言葉の使い方が変わってきました。その一例としては、「エコノミー」という言葉がよく使用されます。国際線のフライト便を利用するほとんどの人は、エコノミークラスに搭乗することが多いと思います。旅客機の収容人数が増えて、機内客数が上級席と普通席にクラスが分かれるようになって生まれた言葉です。上級席がファーストクラス、普通席はエコノミークラスと呼ばれていることからもわかるように、「経済的なリーズナブルな価格のシート」を意味することなのがわかります。事実、辞書を調べるとエコノミーには、「経済」とか「節約」がありますが、まさにこの意味合いで使われているわけです。

しかし、エコノミー／エコ（Economy）は、ギリシャ語でoikos(オイコス)、nomy（法・秩序)、nomos（ノモス）のことです。エコは家や家族のことを意味し、ノモスは法や法秩序を表す語につく接尾語です。つまり、家庭のなかの経済を意味しているのです。ギリシャ語のオイコノミヤ（oikonomia）も家庭内経済のことです。

もともと家庭内経済（家の中での経済）のことを指し示していたということは、つまり、子どもや学生のときに母親が愛情を込めてつくってくれた食事には値段がつけられない。また、家庭内での労働も金銭で値段がつけられないことを意味します。子ども時代は収入がありませんから、家庭から我が子へ無償でさまざまなものが用意されるのです。でも、その見返りは求めてはいません。エコノミーという家庭内の経済のなかで大切に育てられていくのです。

ところが、家庭を出れば子どもでもお金による値段がつけられた社会で生きていかなければなりません。これが「市場主義社会」です（図表1-1）。市場社会ではお金がないと生活していくことができません。どんな人でも収入を得るためには、市場社会の中で労働していかなければならないのです。

弱い立場の人たちに必要な芸術や哲学

市場社会になると、文字を読んだり、計算する能力が求められるようになりました。計算術が必要にな

ミュージカル「雪の女王」の写真　（テーマ／協力し合うことの大切さを描いた作品）

図表1-1 経済市場社会の構造

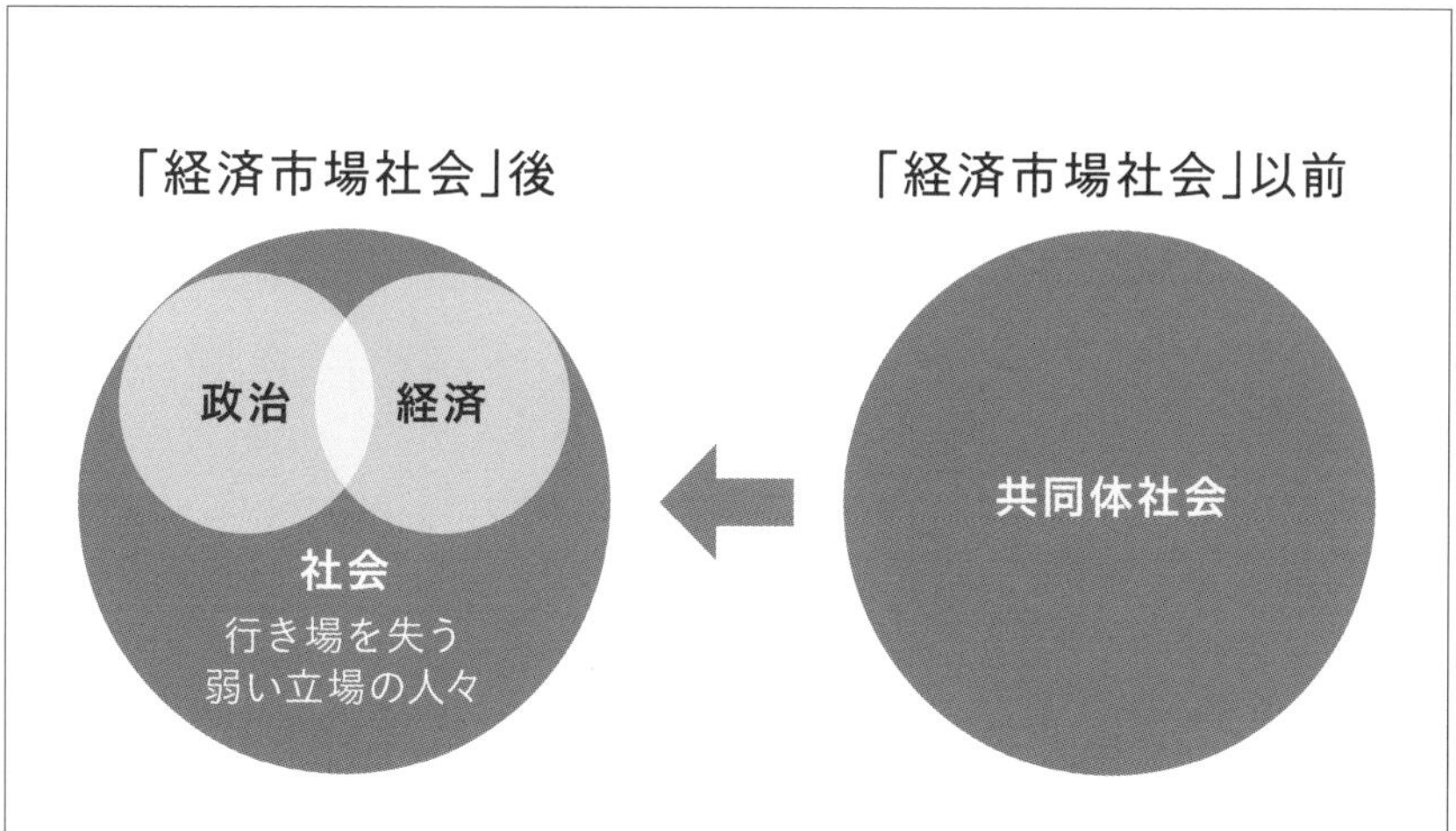

〈出典〉筆者作成

ったのは、モノの余剰からはじまったといわれています。モノが余るためにそれを貯蓄（ストック）し、さらなる貯蓄を目的とした市場社会は利潤を追求していくために、「ステートづくり＝国づくり」を目指していったのです。

産業革命以降の西欧から大陸への進出は植民地主義でした。しかし、逆に貧しい国からの侵略は、アフリカやアジアなどを見ればモノの貯蓄が少なかったので不可能だったのです。金貨がまだなかった頃は、貝殻や石などでモノの価値を定めて交換していましたが、それが成り立つためには信用が必要だったのです。

この前提には、人と人との間に「信頼するという人間関係」が成り立っていたと考えられます。市場社会が拡大していくと、富と権力を持った富裕層は、さらなる富を得るためにさまざまな工夫をしていきます。その結果として、弱い立場の人々が行き場を失い、路頭に迷うことになってしまいました。英国の経済学の創始者ともいえるアダム・スミスは、『見えざる手』で知られていますが、スミスは弱者たちのために「文学」「音楽」「演劇」が必要であることを提唱したのでした。人間の持つ「共感」する力によってつくる共同体が大切だからです。

市場社会で生きていくためには、人間力が喪失してしまうようなできごとも、たくさん起こりました。チャールズ・ディケンズの『クリスマスキャロル』では、金貸し老人のスクルージが街の人々に嫌われ、死んだ仲間たちの世界を見て驚き、改心していく様子が描かれています。

お金が何より大切なために恋人にも去られてしまった金貸しスクルージは、年老いてから本当に大切なことに気がつき、クリスマスイブの夜に本当の幸せに出逢えたのでした。

ディケンズ自身もまた、英国の産業革命時代にあって、子ども時代に貧しい生活を体験しています。

ミュージカル「スクルージ」（テーマ／守銭奴が人間愛に目覚める作品）

スクルージとクリスマスの精霊

260年も前にアダム・スミスがいったように、市場社会においては多くの人間が行き場を失ってしまい、弱い人たちの救済が必要だったのです。

「家庭内経済」で生きる意味とは?

弱い人たちには救済が必要であるというお話をしたので、ここでポーランドの偉人・ヤヌシュ・コルチャックについて紹介しましょう。

世界的に有名な映画監督であるアルジェイ・ワイダ監督によって「コルチャック先生」(1990年)として映画化され、フランスのカンヌ映画祭で正式に上映されました。また、日本でも舞台化されてコルチャック先生を故・加藤剛さんが演じ、音楽は加藤登紀子さんが担当しました。

コルチャック先生は、第二次大戦下のポーランドで孤児院を経営していました。ナチスドイツの「ユダヤ人絶滅計画」によりワルシャワ・ゲットー(一つの都市内にあってユダヤ人を強制的に収容した移住区域)に孤児院の子どもたちとともに移住させられてしまいます。コルチャック先生はポーランド系ユダヤ人ですが、著名人であることから特赦が下されて、自らは命の保証を与えられたものの、その後、ガス室の待つ収容所に送られて、200人の子どもたちと共に殺されました。のちに子どもの権利条約のきっかけとなったのです。

　コルチャック先生はゲットーの絶望的な困難な環境にあって、ゲットーのなかで蔓延していたチフスから子どもたちを守り、孤児院のなかで子どもたちに演劇を教えて、それをみんなで鑑賞しました。また、自分たちの共同体をつくるために新聞の発行や子どもの裁判などを子どもたちに実践させていたのです。そしてコルチャック先生は、毎日２００人の子どもたちの食べ物を求めてゲットーの中をさまよっていたのでした。

　この事実を知ってあなたは、コルチャック先生の行動に対してどのように思いますか。コルチャック先生は医師であり、弁護士であり、作家であり、また、教育者でもありました。

　ゲットーのなかで２００人の子どもたちを食べさせていくことは至難の技です。ナチスドイツは富と権力と欲を満たすために、ユダヤ人を抹消していきました。これを「市場社会」と置き換えてみると、孤児院のなかはエコノミーな生活環境であって、コルチャック先生は、その生活を守ろうとしたのでした。ゲットーのなかは食べ物や生活品がない想像を絶する環境だったのです。

　コルチャック先生が過酷な環境のなかで子どもたちに演劇の場をつくっていた目的は何だったのでしょうか。

　それは子どもたちがどんな境遇にあっても、自分たちの意見をしっかりと持ち、多様な人間関係を認め合うことの価値観を教えるためだったのです。演劇は対面関係が基本で成り立つので、同じ価値観の共同体社会を創っていくために、子どもたちにコミュニケーションを取らせるために演劇を活かしたのです。お互いに支え合う分かち合いの心を学ぶためでもあります。

舞台劇「コルチャック先生」（テーマ／紛争により子どもたちの生きる権利が奪われることを問う作品）

ミュージカル「はるかの海」（テーマ／大切な家族に守られ成長する女性を描いた作品）

中高年のひきこもりが増えている

コルチャック先生が孤児院の子どもたちを見守り、将来、子どもたちが自立できるよう注力した話をしましたが、日本では残念ながら「学校に行かない、部屋から出ない」という引きこもり状態にある子どもたちがいます。大きな社会問題にもなっていますが、このひきこもりが実は子どもだけではなく、中高年の間で広がってきています。

具体的には、２０１９年に発表された内閣府が行なった「生活状況に関する調査（２０１８年12月7日～24日のデータ）」では、40～64歳のひきこもりが全国で推計61万３０００人いることがわかりました。しかもそのひきこもり数は増大していて、7割以上が男性です。２０１５年12月に内閣府が実施した15歳から39歳までを対象とした同種の「若者の生活に関する調査報告」の同群の推計54万１０００人はその数字を大きく上回っており、ひきこもりの高齢化、長期化が進んでいることになります。

中高年のひきこもり者が関わる事件は近年多発し、社会問題となっています。このひきこもりの原因の36・2％が離職によるもので、21・3％は人間関係がうまくいかないこと、19・1％が職場になじまなかったことによるとされています。合わせて76・6％が何らかの職場環境の原因ということが推測されます。

ところで、どうしてこのようにひきこもりが増えているのかというと、「職場環境が最大の理由」と示しているように、市場社会における人間の行き場が失われているからのように思います。しかし、それは職場だけが原因となるのではなく、ひきこもりとされた人にも原因があるように思います。「人間関係がうまくいかない」「職場になじまない」という理由には、対人関係や市場社会における職場の理解が不足しているのではないかと想像され、人間性の劣化についても指摘されています。こうしたことから人と人のコミュニケーションとなる「言葉の持つ意味を理解する」ことがとても大切なのです。ひきこもりのすべての人たちとはいいませんが、一般的には現実から逃避して密室にこもり、ゲームやアニメなどの仮想の世界に没頭してしまうことです。誤解を招かないために注意しておきますが、ゲームやアニメが問題ではなくて、「没頭してしまうこと」が問題なのです。

ゲームをしたり、アニメをみはじめると、私たちはついつい没頭してしまう特性があるのです。ここで問題になるのは、自己をコントロールできないということなのです。市場社会では誰もが職場で働かなければ収入を得られないことは前にも話しましたが、職場の仕事は思うようにコントロールできるものではありません。しかし、ゲームやアニメは自分の世界を描くことができて、さらに達成感が得られるという特性があります。こうしたことから人気があるのでしょう。

では、ここでは自己コントロールについて考えてみます。

ゲームやアニメのなかの登場者たちは仮想の登場者のわけですが、自己として受け入れることができます。しかし、職場での人間関係は現実であり、すべて受け入れることはむずかしく、仕事の内容については仕事の責務という形で個人に分担させられるので、そのすべてを納得して受け入れることは限界があります。限界を超えると、毎日の生活にゆがみをもたらすのです。ここに、演劇にある特性を生かしていくことが期待されています。演劇のメソッドについては第5幕の栗田芳宏さんに譲りますが、本幕では、さらに自分らしく生きていくために演劇に親しむ必要性について進めていくことにしましょう。

演劇にある特性で重要な要素は、**「コンテクスト」（context）**です。**「場面や状況を判断すること。そし**

て言葉の意味を理解すること」です。コンテクストを理解していくことが、人間生活でも大いに役立ちます。

身近な生活スタイルとして、映画やテレビドラマを観る機会があることと思いますが、演劇というと、「舞台演劇」のイメージがあります。しかし、「映画」「ドラマ」も演劇が基本で成り立っています。好きな俳優やタレントたちは、演劇的手法を駆使して仕事をしているわけです。

映画やドラマのストーリーは、決して単調ではありません。単調なストーリーではつまらないので、「山あり谷あり」のストーリーとなって、キャラクター性のある演技人がおもしろおかしく演じていくわけです。もちろん、映画やテレビに出演しているすべての俳優たちが、ドラマのキャラクターのような性格ではありません。出演者たちは当たり前のことですが、「演じていく」わけです。ここでは演じているということが、大切なのです。

私たちの日常生活で演じている人は、いったいどのくらいいるのでしょうか。

ほとんどの人たちは仕事場において、素のままの自分ではないでしょうか。

市場の魚屋さんや八百屋さんなどの接客業は元気がないと商品が新鮮ではないイメージにつながってしまいますが、お客さんの見えない場所で働く人たちはほとんどの場合、無防備な自分を見せて、仕事をしているのではないでしょうか。

だから職場での人間ドラマがはじまると、俳優のように演じるということなく、素のままの自分をさらけ出してしまい、人間ドラマに対応できなくなってしまうことがあります。

俳優たちであっても、撮影が終われば自分に戻ります。俳優たちも決して人間関係が順調な人たちばかりではないと思います。映画やテレビのなかで演じていることは、俳優の仕事に過ぎません。しかし、俳優のイメージづくりは日常でも大切で、コマーシャル出演では人物のイメージが商品のイメージとつながるために、最も重要となります。

最近、ニュースを見ていると日常生活における俳優の不祥事から契約違反となって仕事を降ろされるケースも多く目にするようになりました。テレビやマスコミで有名になっても、それが到着点ではなくて、俳優やタレントは、メディアとして人や社会に役立つという行動をイメージだけでなく、実践していくことが必要なのです。わかりやすいように俳優と比較して話しましたが、「市場社会」という厳しい生活環境にあっても、「演劇の特性を発見」して、「演劇的な生き方」を取り入れることができれば、多くの人たちの「ひきこもり」を減らしていくことができるのではないかと、私は思います。

私たちは物語のなかで暮らしている

「小説」「映画」「ドラマ」「音楽」などは、物語から成り立っています。こうした視点で周りを見渡すと、私たちの生活には、物語が多く存在していることに気がつきます。赤ちゃんから幼児期には、特に音楽や色のついた絵やモノに興味を持ちます。言葉が話せなくても、文字が読めなくても、自然と物語に興味を持ちながら育っていくのです。幼児期には、その日に体験したいろいろなことを組み合わせて物語を創造していけるのではないでしょうか。それはお絵描きなどにも現れます。

1～2歳くらいの幼児の集団内での行動を見ていると、遊び道具のシェアする行為がすでに現れています。言葉がわからない幼児であっても、現実的に直面している遊び道具をいかにシェアしていくのか、というリアリティな物語が小さな子どもの間でも存在しているのです。こういった幼児期の体験は、とても大切なことです。子どもの創造性は幼児期の早い時期から形成されるからです。

幼児期のリアリティな体験は、エコノミーという家庭内の経済生活から子どもが成長して、市場社会でいかに生きていくかに役立っていきます。幼児が遊び道具をシェアすることと、大人が社会でモノゴトをシェアしていくことは同じ意味を持ちます。大人になるとモノだけではなく、価値観をシェアし、共有していくことが求められます。これがうまくいかないと、人間関係にゆがみをもたらすことがよくあります。

こうした価値観は、言葉の共有によって図っていくことが、ある程度は可能です。文化や文明の違いはあっても人間であれば、それほど価値観はずれないはずです。しかし、価値観は「抽象的な言葉の概念を知識として体系化し、身につけていく」習慣がないと、正常には身につきません。このため小学校低学年くらいから中学生にかけての言葉の学習が、とても重要になってくるわけです。

組織論（チェスター・バーナードが提唱）では、組織が成り立つための要因を3つあげています。

①共通の目的意識

②共通の価値観

③共通の共同体意識

ここでも価値観が大切であることが理解できるでしょう。物語の価値観については、人によってそれぞれ価値観が異なるもしれませんが、物語の軸となる性善性については、それほど異ならないと思います。たとえば、映画のストーリーのほとんどは、弱い立場の主人公が苦労しながら仲間に助けられ、協力し合いながら問題を解決していくケースがほとんどです。まさか悪人が善人をやっつけてハッピーエンドを迎える、というストーリーはほとんどないはずです。物語の展開には、ある程度の法則が存在しているのです。

「自由な国、アメリカ」とディズニーの戦略

私たちは生活するうえで、共通した物語の価値観を共有していることが多くあります。母の日に「ありがとう」を伝えることやクリスマスや正月、誕生日、結婚式を祝うことなどは物語として同じ価値観を共有しています。同じ価値観を共有していくことによって、共同体が一つにまとまっていくのです。

アメリカの場合には、ディズニーランドがあります。誰にでも愛されるミッキーマウスが「悪者なので嫌いだ」という人はいないと思います。ディズニーランドやディズニーワールドからたくさんの物語が創られて世界に発信されています。ディズニーはアメリカ合衆国の「自由な国」というイメージを伝えていくためのソフトパワーとしての効果が大きいのです。このように物語は一つの国をまとめていける、大き

な成果を発揮する可能性を秘めているのです。あなたは日常生活で物語を描いていませんか。好きな人に好意を持ってもらったことを嫌がる人はいないと思います。逆に、どうしたら好意を持ってもらえるのかについて考えてみたことはありませんか。好きな人とデートをするときに、あらかじめデートの物語を創造していませんか。

どこに行こうか、どんなカフェに行こうか、どんな洋服を着て行こうか、男女に限らず人は物語を描いているのです。あなたがつくる物語にも、演劇を取り入れてみてください。あるシーンにどんな言葉を相手に伝えていくのか、創造してみてください。前述のコンテクストの修復が役に立つはずです。職場での対人関係でも「コンテクストを理解すること」がポイントになります。物語のある生活によって、きっとイキイキした毎日が訪れることと思います。

なぜ、物語が必要なのか？

物語についてもう少し掘り下げるために、進化生物学の視点からも考えてみます。英国の進化生物学者・動物行動学者であるリチャード・ドーキンス（Clinton Richard Dawkins）は、著書の『利己的な遺伝子』（The Selfish Gene）で知られますが、そのなかで興味深い理論を展開しています。

図表1-2「ジーン」と「ミーム」

●リチャード・ドーキンス（英）進化生物学者・動物行動学者

・クリントン・リチャード・ドーキンス（Clinton Richard Dawkins）1941年3月26日生

・「利己的な遺伝子」The Selfish Gene

●自然界のなかで人間だけが遺伝子以外の「もの」を残し、
命を懸けて守る習性がある。→「ミーム」

Meme（ミーム）←Memento（形見・記念物・思い出）

Gene（ジーン）←Gene（遺伝子）

ミュージカル「チルドレンズ（幸せな出逢い）」（テーマ／「ジーン」と「ミーム」を扱う作品）

ドーキンスによれば、すべての自然界の生き物はその生命が終わってしまうと遺伝子（Gene）を残すのですが、人間だけは遺伝子の他にもう一つ「特別なもの」を残すと主張しているのです（図表1-2）。「特別なもの」とは「もの」（Meme）のことであり、英語のMemento（記念物・もの）から取ったドーキンスの造語です。この特別なものは、人間だけにある「記念になるもの」のことを指しています。

すなわち、大切な思い出のことで、ドーキンスは時として人間は、命をかけて大切なものを守るというのです。家族の写真、手紙、絵、音楽、贈り物、記念になるものなど、家族や大切な人との思い出につながるものばかりです。これをドーキンスは遺伝子**「ジーン」（Gene）**の対語として**「ミーム」（Meme）**と名づけました。このミームは物語のことでもあるのです。

ところで、ナショナリズム（民族主義）が形成されるのも共通した価値観がミームのなかにあるからです。人間は「ドーキンスのいうミームを大切に生きている」とも考えられるのです。

ドーキンスは、ダーウィンの進化論と対峙するような理論も展開しています。人間は自己のコントロールを遺伝子の影響を受けているとも主張しています。

どういうことかといえば、遺伝子は仲間を増やしていく行動を好んで取っていくので、人間にある遺伝子もまた仲間を増やしていくために行動を取り、人の行動に遺伝子は影響されないということです。これは驚くべき理論です。

つまり、人間の意思に関係なく、遺伝子は人間の体のなかで仲間を増やしていくために増殖していくのです。なんだかウイルスのようですが、私たちはこの認識をしっかり持った方がいいと思います。

物語「ミーム」は生活のなかで息づいている

人は誰もが自分をコントロールしていけるものと考えていますが、ドーキンスによれば、「遺伝子の影響を受けて生きている」ことになります。そうだとしたら人は感情的になったり、間違えたりすることも遺伝子が、そのようにさせていることになります。

ドーキンスのいうミームの存在については、共感できるものがあります。私たちの身近な生活においても、ミームの存在を確認することができます。震災で倒壊した家屋に命をかけて家族の写真を取りに行く行動は、ミームを大切にしているからです。家族や大切な人たちが残してくれた贈り物はモノだけでなく、忘れられない思い出となるストーリーもまたミームなのです。ミームは物語そのものなのです。

なぜ、物語が必要とされるのかについて、リチャード・ドーキンスの理論を参考に考察してみました。このように物語というミームは、人が生活していくなかで不可欠なものであると考えています。「いや、物語なんていらない。お金があればいい」という人もいるでしょう。市場社会において財力もまた大切です。しかし、財力があっても、その人が亡くなったときには遺伝子とお金が残るだけであり、金貸しのスクルージと同じです。

スクルージは改心して、最後に大切なストーリーを描きました。自分が生きているときだけ楽しければいい、という考えでは残された人たちには、ミームを共有した物語を残していくことができないのです。これは「伝えていく」という行動を忘れていきます。

大切なストーリーを物語にするために、人は「演劇」という手法を考えたのでした。それは言葉や文字が誕生したあとになってからのことです。昔はカメラなどありませんから、屋外や特別な場所（権力者の建物など）で演劇が行われていたのです。よく知られているように、日本では猿楽師の観阿弥・世阿弥親子が足利義満に庇護《ひご》されて能楽が演じられ、英国ではエリザベス一世の時代にシェイクスピアが活躍しました。演劇は権力者たちに擁護されながら発達していったのです。そのため当時の演劇の内容は、能のように死者の世界を演じたり、シェイクスピアにおいても王家の歴史を描いた作品が多かったのです。

「伝える」ことの大切さ

なぜ、物語が必要とされるのかに続き、伝えていくことの大切さについて話していきます。私たちの生活は物語で成り立っていますが、その物語はどのように生かしていったらいいのでしょうか。

日本は新しい令和という時代を迎えましたが、元号の根拠となるものは古事記や日本書紀にみるように、いい伝えられ、残された資料によるものです。伝えていくことが文化や文明につながっていくのですが、ここでは「真似《まね》ぶ」ことが「学ぶ」ことにつながります。これは「真似《まね》る」ということです。

人は真似をすることによって成長します。子どもの頃に、文字や数字を学ぶときは、書き方の真似をすることによって習得していきます。職人が技術を習得するときもまた、師匠たちの真似をしていくことで文化が引き継がれていきます。このように真似るということは、「学ぶ」ことであり、伝えていくことと一対の意味があります。昔話のように昔からいい伝えられた話は、共同体を維持していくために必要だったのです。民話や伝説などもそうです。伝えていくことには技術の習得だけでなくて、生活のなかに物語性が含まれているのです。

物語を伝えることが次の物語を紡ぐ

おばあちゃんがつくってくれた肉じゃがや漬物、お母さんがつくってくれた幼稚園のエプロンやお弁当などには、思い出や物語がたくさん込められています。いつか子どもが母親になったときに、母や祖母のことを思い出して、自分の子のために同じ行動を取っていくのです（図表1−3）。

幼児期に何度も読んでもらった絵本は、今度は自分の子どものために読んであげるのです。このように伝えていくことは、とても大切なことです。

物語に感動するような映画やドラマに出逢えたときに、読者は誰かにその物語のいいところを伝えようと思うはずです。アダム・スミスが指摘したように、人には共感する性質があります。何かいいものを見つけたときに、大切な人と共有したいと思う気持ちが誰にもあります。

先に紹介した「母の日の手紙」では、女の子を亡くした母親の悲しみは日常で閉じ込められたままでし

図表1-3「世代交代」の3つのシステム

地球上の生物は世代交代のため、親世代の持つ特性や能力を次世代へ伝えていく必要があり、大きく3つのシステムからなる。

①<遺伝子>のみによる世代交代システム

すべての生物に共通し、必要な情報はあらかじめインプットされており、次世代で獲得するものではない

②<遺伝子+学習能力>による世代交代システム

生まれてから学習する能力を身につけるものの、死んでしまうと消滅してしまう

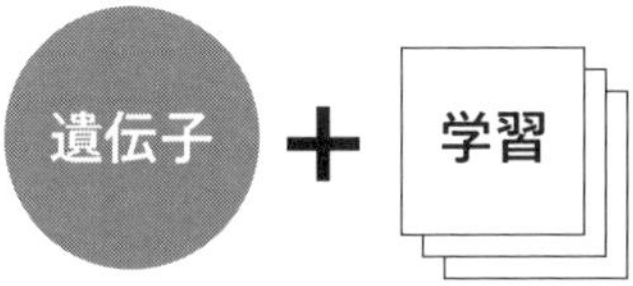

③<遺伝子+学習能力+教える能力>によるシステム

世代交代の能力や経験を文化という形にして蓄積し、次世代へ伝えていくことができる

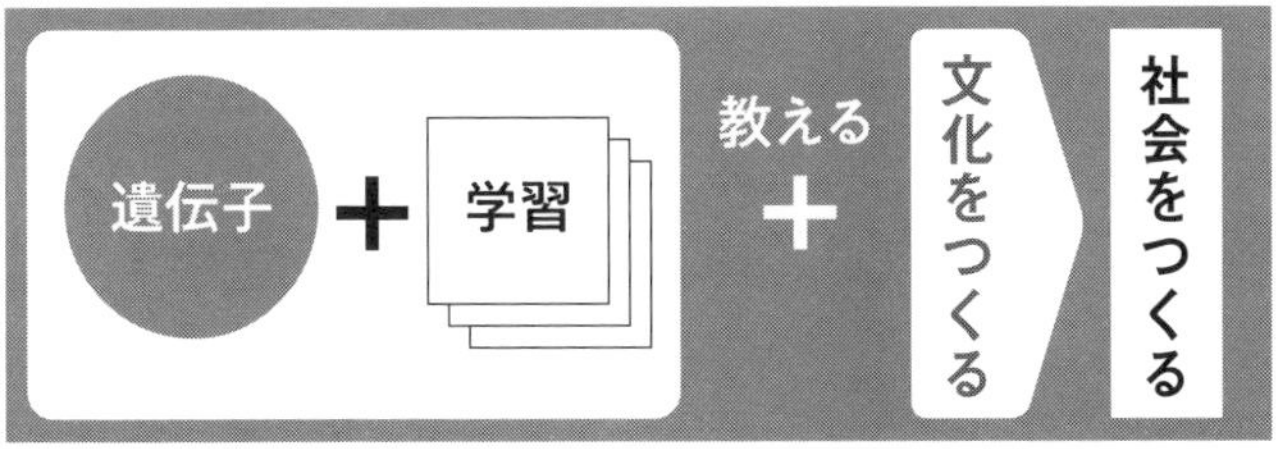

〈出典〉筆者作成

た。しかし、亡くなった子どもの手紙が母親の生き方を大きく良い方向に変えていったのです。

これは子どもが母親に伝えたかったことの物語であり、手紙はまさにドーキンスのいうミームだったのです。このように、物語は伝えていくことによって共感や同感を得て、日常の生活に役立っていく特性があります。そして演劇もまた、伝えていくことに意味があるのです。

物語の先にあるものとは?

物語から学んだり、伝えていくことの大切さについては、理解されたことと思います。では、ここで読者のみなさんの生き方に、どのようなヒントがあるのかについて話していくことにしましょう。

今日の日本における社会的問題をランダムに上げてみます。まず、議論されるのが少子高齢化問題、そして世界最大となる国の借金、社会保障の財政難、教育の崩壊、税の負担、老後の問題など、たくさんあります。国際関係では、東アジアを巡る安全保障問題や関税交渉問題、中東や東ヨーロッパの政治的な不安定要素などの課題が山積しています。

そんななかで日本は、2021年に延期されたものの東京オリンピック・パラリンピックを迎えることとなり、また、18歳選挙権もすでにスタートしています。近い将来のAIやロボットの汎用化により、人の働き方や働く姿勢が大きく変化していくことでしょう。エコノミー生活から社会に出ていく若者たちは期待とともに未来に不安を抱えています。一方で、ひきこもりは若者だけでなく、中高年の増大が確認されました。ウイルス感染拡大の問題の残る困難な社会にあって、人が人らしく生きていくことがむずかしい時代に突入しているようです。

「日常行動」は編集されて物語になる

ところで、私たちの日常生活の行動は、物語として連続していません。時間を追って観察していくと、朝起きて顔を洗う、テレビをつける、新聞やSNSをチェックする、朝食をとる、出かける準備をするなどの行動をしますが、頭のなかには絶えず異なる情報を追いかけています。テレビのニュースを聴きながらSNSを見つつ朝食を食べたり、天気予報を調べたり、時間を気にしていて、頭のなかの情報が不連続で物語としてつながっていないのです。

職場でも仕事をしているときには、常に同時進行で情報の収集が行われているのではないでしょうか。たとえば、あなたの行動を、もし、映画やドラマ仕立てにしてみたら、あまりおもしろくなく、感動を与えるストーリーにはならないと思います。私たちは歩いていたり、電車に乗っているとき、お茶を飲んでいるとき、買い物をしているときなど、それぞれのシチュエーション（状況や状態）において、ストーリーが不連続なのです。

しかし、頭のなかでは誰でも、必死に一日を生きているのです。一日のなかだけでもさまざまな不安や喜び、悲しみが訪れます。そうした頭のなかや心のなかは、いろいろな情報が混在していて、その状態は日々、変化していることと思います。これは頭のなかで情報の編集作業が行われているからです。

編集工学研究所の松岡正剛所長の「すべては編集」という考えに基づけば、人の一日の行動もまた、編集の作業をしていることになります。家事をすることや仕事に追われる、受験勉強をする、商売をする、恋愛をすることなどは、その人の一日の作業をしていることになります。

前述のような不連続な日常の行動は編集することによって、どんな人も懸命に生きているはずです。苦しみ、悲しみながらも、幸せを求めて生きているはずです。悩みや苦しみ、悲しみを超えて生きていくエネルギーとして支えになっているものは、何があるのでしょうか。

どんな人でも家族や大切な人間関係を守るために、どんな困難も乗り越えていこうとするものです。あなたも頑張らなければならないときに、きっと大切な人や思い出という物語に励まされるはずです。大切なことは「一人ひとりが輝いている」ことです。

「面影」のある生活

私は人が勇気を与えられるものとして、「面影」というものにヒントがあるのではないかと思っています。これは先ほど触れたドーキンスのいうミームでもあり、松岡正剛さんの『擬』という著書でも指摘されていることです。私がそう思ったのは、母が亡くなってからのことでした。

ここで伝えておきたいことは、一人ひとりが人生の主役であるということです。もちろん、ほとんどの人は演劇や俳優を職業としているわけではありません。日常生活は映画やドラマのような構成ではなく、カメラがあなたを追いかけているわけではありませんが、日常生活には物語があって、誰もが主役になれるのです。

人は日々の生活のなかで、それぞれの目標やミッションを持って生きているはずです。

学生なら日々の勉強、会社員なら日々の仕事、主婦なら家事や育児と仕事の両立など、誰もが人間関係や経済的問題や健康を意識しながら生活しています。その生活シーンは不連続であり、頭のなかは自分中心の世界になっています。たえず何らかについて考えているはずです。

食事をしていても、授業中であっても、会議中であっても、寝ていても何らかのことについて心配したり、考えたりしていることがあると思います。そういった行動はドーキンスによれば、遺伝子が仲間を増やしていくための行動として、人が操作されているという驚くべき理論になります。

松岡正剛さんによれば、人が日々、編集行為をしていることを意味します。どちらにしても、人間がいま、生きていることに違いはありません。そして自分は自分であるということ。自分が主役なのです。

本書のテーマがずれてしまうといけません。本書の目的は演劇を生活のなかに活かして、よりよい毎日を迎えるために活用していくこと。ＡＩやロボット社会にあっても人間らしく生きていくために演劇的な手法を身につけていくことの有効性を知ってもらうことです。

ここで「面影」とは何かを考えてみましょう。面影は心のなかに浮かぶ様子や記憶にある思い出から引き出される残像や印象のようなものでしょうか。

面影の意味について語ることは、簡単ではありません。面影は思い出のような記憶に残る場面であったり、姿や顔やモノであったり、抽象的なシーンであったりします。桜並木を通った通学シーン、満月の夜にススキとお団子のあるシーン、家族が見送りに来てくれた別れのシーン、亡くなったおばあちゃんの笑顔、いまはもう会えない好きだった人の姿、子どもの頃に遊んだ場所や思い出など、面影だと思われるものがたくさん見えてきます。

面影はあるときに、突然現れることがあります。何気なく車窓を見たり、一息ついたとき、海辺にいるとき、子どものときにいつも持っていた人形が目に入ったとき、懐かしい絵ハガキを読み直したときなど、さまざまな場面で面影なるものに遭遇することがあります。面影はこれまでの人生の物語につながっているのです。

面影は生きる勇気を与える

面影には励ましや勇気を与えてくれるパワーがあると思います。ここが大切なところです。面影は毎日の生活で疲れて弱っている人々を救ってくれるような優しさがあるのではないでしょうか。

少し想像が飛躍しているかもしれませんが、私にはドーキンスがいう大切なものであるミームの存在と面影がつながっているように思えるのです。

亡くなった人の思い出が、面影になるということがわかりやすいかもしれません。前述したような「母の日の手紙」は子どもを亡くした母親にとっては、手紙がその人にとっての面影なのです。他人から見たら面影にはなりません。子どもからの手紙は母親の失意を励まし勇気を与えてくれたもの、すなわちミームなのです。

母親は何度も手紙を読み直し、子どもの面影から生きていく目的に気がついたのです。そしてそれは、人に何かを伝えていくことの大切さであることを悟ったのです。

私も亡くした母の面影からたくさんの勇気をもらっています。母の面影はさまざまなシーンに現れます。不思議なことに、亡くなってから母の夢を見ることがありません。私の場合、母の面影は風であったり、光であったり、雲であったり、波になったりして思い浮かびます。

そうして、「せっかく生まれてきたのですから、いろいろなことを楽しんで、与えられた時間を生きなさい。その体験から学んだことを人に伝えていくことが大切です」と、風が樹木にそよいでささやくように語ってくれるのです。母がそうしたように、私も同じ道を歩いているような気がします。まるで幼児が母に手をひかれているように。

面影を感じる人も感じない人もいると思います。それは人それぞれ自由なことです。

ＡＩやロボットが汎用化される社会は、仕事が変化し、仕事を奪われ、中高年のひきこもりが減少していくという保証はどこにもありません。少なくとも子どもから大人を含めたひきこもりは、市場社会から行き場を失った人たちだと思います。自分が主役となる人生の物語において、ひきこもりとなっては、楽しい物語を描くことができません。

また、創造的な生き方の視点からもＡＩやロボットに負けてしまいます。市場社会では人間性が劣化していく恐れも指摘されています。アダム・スミスが指摘しているように市場社会での弱者の救済には、芸術や哲学の存在と応用が求められているのです。

物語を描ける生活をして物語を伝えていくこと、面影のある生活を体験して創造していくことは、文化のある生活と文化を理解する人間関係に包まれて、文明につながる生き方として、これから迎えるデジタライゼーション社会に役立つ可能性があるように思います。

本書はビジネスパーソンにとっては必読書的な要素がありますが、企業社会でキャリアを活かしながらバリバリ仕事をこなしていく強者たちよりは、いつも悩みがいっぱいで、問題だらけの方たちに読んで欲しいという私の願いも込めて、話をさらに進めていきたいと思います。

〈出典〉
27ページ　ミュージカル「スクルージ」（写真上）「劇団ひまわり・フジテレビジョン・ニッポン放送」パンフレット
27ページ　ミュージカル「スクルージ」（写真下）「フジテレビジョン・産経新聞社・劇団ひまわり」パンフレット

第2幕

演劇の「公共性」から学ぶ

演劇の3つの特性

第2幕では「公共性」とは何か。「演劇の公共性」とは何か。そこにはどのような特徴があり、役割を果たしているのかも含めて解説していきます。同時に演劇史についても触れていきますが、公共性について考えるときにどうしても語っておく必要があるためです。それについては追々、わかっていただければと思います。

演劇には3つの特性があります。

①市場性
②芸術性
③公共性

の3つです。これらはバレエやオーケストラ、オペラなどの総称である舞台芸術の特性と同じです。

1つめの市場性についてはいうまでもなく経済的な効果のことで、儲かるか、儲からないかという視点です。日本の芸能マスコミ界がこれにあたります。読者のみなさんが認識している演劇のイメージは、おそらく芸能マスコミの分野だと思います。演劇を職業としているタレントや有名人が、テレビやコマーシャルに出演しているから芸能人だと考えているのではないでしょうか。

2つめについては、作品や演じ手に芸術性があるかないのかという視点です。これは本人が決めることではありません。結果的に周りから評価されるものです。はじめから「私は芸術家です」と名乗る人はいないでしょうし、たとえ名乗ったとしても周りが評価してくれなければ、芸術性があるとはなかなか認められません。

たとえば、俳優やタレントは医者や弁護士のように、国家試験をパスして資格を得るのではないので、自身が俳優だと思えば、誰でもなれます。一般的な芸術家としての評価は、芸術選奨や文化勲章などの受賞者は理解しやすいのですが、それだけではなく、「社会的にも芸術性がある」と認められることです。

そして3つめの公共性ですが、これはとても大切な特性です。公共性は、社会性・教育性と置き換えることができ、英語では「Public nature」といいます。日本語でパブリシティは、企業のPR活動の一つと理解されています。企業が広告費を負担しないで、プレスリリース、インタビューなどに対応し、メディアに報道として、自社に関することを広く知ってもらうために取り上げてもらう活動のことを指します。しかし、これは狭義な理解です。社会的な責任感から自主的に自分たちの活動をPRしていくという意味もあるからです。

民主的国家のための「シチズンシップ教育」

演劇の公共性には、「パブリックな空間を創造していくために人を集める。集まった人たちに自分たちのメッセージを伝える」というように、演劇の持つ特性を最大限に活かしながら、公共空間において市民（多くの人たち）に大切なメッセージを伝えるという役目もあるのです。ここでは公共の場において、人間にとって理想的な社会を築くために、有益となる行動をしていくことと理解してください。

民主主義国家の英国では古くから演劇が盛んですが、演劇を活用した「シチズンシップ教育」は、市民が他人を尊重することをはじめ、個人の権利と責任、人種・文化の多様性の価値など民主国家の一員としての資質・能力を育成するために取り入れられた手法です。

すでに説明したように、演劇はもともと市場社会ができる前から存在していましたから、その目的は人間が必要として求めている社会を創造するために必要とされたもので、その精神は演劇を通して、いまも受け継がれてきています。

「シチズンシップ教育」は公共性が強く、正に市民にとって社会一般には利害や影響力を持つ性質のことですが、その概念はさまざまで、むずかしく複雑な解釈があります。

たとえば、ギリシャ・アテネの古代民主制では、市民たちが集結して都市国家の経営について民主的な議論を繰り返しました。共通の課題について利害関係のある人たちが議論を戦わし、そこから出た多くの意見を集約し、みんなが合意したことに関して決定していったのです。

第2幕では、「演劇は公共財」であるということのもとに、演劇の公共性についてクローズアップします。「公共のために役立てる演劇とは？」と位置づけて話を進めていきたいと思います。公共と演劇の関係性がまだまだぼんやりとしていて結びつかないかもしれませんが、そんな状況で読み進めていただいても大丈夫です。

だんだんと2つの関係性がわかってくると思われますし、もし、ぼんやりしたままだとしても、公共性という考え方があるということをあなたなりに解釈してもらえれば、演劇に関する知識を広げることができます。結果的にその視点が、あなたのビジネスにも役立つと思うからです。

未来のビジネスを「公共性」からみる

企業の社会的責任「CSR（Corporate Social Responsibility）」を問われるようになってから久しくなります。CSRについてひと言でいえば、「企業が事業活動を通じて、自主的に社会に貢献していく活動」のことを意味します。民間企業のCSRの目的は、利潤の追求だけでなく、広く社会に貢献していくための企業ミッションに基づくもので、「事業活動を通じて自主性を持って社会に貢献すること」をいいます。本来のパブリシティに近い意味を持っています。

しかし、本来、社会とは「『行政』と『民間企業』と『個人』からなる社会」と、とらえていいと思います。つまり、公共とは、社会とつながる空間であり、国家と個人の間にあるもので、社会全体を包んでいると考えられます。こうして民主的な社会で、人々は公共性という意識を持って、共通の価値ある空間とステートづくりをしてきたわけです。あなたがビジネスパーソンだとしたら、会社は国家と個人の間にあるので会社だけの利益ではなく、社会全般に利益をもたらす活動もしていかなければ、公共に貢献しているとはいえません。あなたの会社はどうでしょうか。あなたが一個人であっても同じことがいえます。

ところで、あなたはこれからの職場環境は、どうなっていくと思いますか。グローバリゼーションが進展しているなかで、さらにデジタライゼーション（Digitalaization）という新たな言葉が出現しています。

ＡＩによるデジタライゼーションは、ＩｏＴの進化によってあらゆる生活上のモノやサービス、マーケティング手法などがインターネット上につながり、５Ｇや６Ｇといった高速通信システムにより、新しい価値を生み出していくことになります。ハイパー・グローバリゼーションという呼び方も出現しています。

私たちの生活は、一見、便利になって楽しい毎日が訪れるように思われるかもしれませんが、デジタライゼーションは、失業と人手不足が同時に訪れて、人間が経験したことのない事態が世界的に起こることが予測されています。

そうした時代が来たときに、ＡＩに負けないようにしていくには、どうしたらいいのでしょうか。未来のビジネスを「公共性」という視点からも考えてみる必要があると思います。

ＡＩやロボットに負けないために

いわゆるシンギュラリティが到来しないためには人間が、ＡＩやロボットの苦手な分野で負けないようにしていくことが重要です。ＡＩはいまのところ人間が経験した以上の仕事はできません。ＡＩが人類の知能を超える転換点シンギュラリティが起こってはならないのです。そのために学校教育においてこれから10年以上の先を鑑み、とりわけ小学校低学年から中学校にかけての学校教育が非常に重要になります。

これまでのように入学試験に合格することを目的とした勉強方法から、目の前にある問題を自律的に解決していく方法論が求められます。これは自律性の獲得につながることです。では、人間がＡＩに負けないために必要な具体的対策は、何があるのでしょうか。私は次のことだと考えています。

①抽象的な概念を知識として体系化していく力

柴犬やチワワは犬仲間としての動物、カラスやスズメは鳥仲間としての動物、アジやマグロは魚仲間としての動物です。では、「動物とは何か」と問われたときに、動物の概念を把握して説明ができて、知識として体系化していくことの力のことです。

②必要性を意識して学ぶ力

詰め込み式の学習でなく、目の前にある問題を解決していくことが、生きていくために必要であることを認識していく力のことです。

③分かち合うリアリティを経験していく力

地球の資源は限られています。子どもの頃から、何かを仲間たちと分け合うことの大切さを知る力のことです。

これら3点に加えて「言葉の意味を理解する」こと、「創造性」の2つのキーワードの集合体が、AIに負けない要素だといえます。では、こうした要素をあなたが修得していくためには、どのような方法があるのでしょうか。一つには演劇の持つ力を活用することです。

ここからは「演劇」にあるこの力を知ってもらうために、「舞台芸術」とその特性について解説していくことにしましょう。

演劇の誕生

私たちの毎日の生活は、演劇といくつかの共有点があることは前幕でも触れました。しかし、現実はまだまだ演劇は舞台で活動している人たち、役者論をいつも議論しているむずかしそうな人たち、あるいは俳優やタレントといったイメージがあるためか、演劇は「むずかしいもの」「特殊な人たちのもの」と思われる傾向があるようです。

しかし、それは一側面にしか過ぎません。違う視点もあることを知ってもらうためには、もう少し演劇のことについて説明しておくことが必要です。そこで、いつ頃、どうして、何の目的で、演劇なるものがこの世に生まれたのかについて順番に話していくことにしましょう。

「古代ギリシャ」を「会社」に置き換える

演劇の起源はギリシャ・アテネの時代といわれています。アテナイのアクロポリスの麓に建てられたディオニソス（Theatre of Dionysus）劇場（紀元前325年に建造され、その後、再設計された）が、最古の劇場として知られています。哲学者で知られるソクラテスやその弟子のプラトンが活躍した年代よりも少し前になります。演劇は古代の祭祀からはじまったものですが、簡単にいえば、もともとは神や権力者を崇めるために行われた行事でした。

その後の西欧の歴史をみてわかるのは、初期のころの舞台芸術としての演劇はステート（国）をつくるために必要とされたものです。日本では芝居といっていますが、かつてはお寺の芝の上で僧侶たちが、人々や地域をまとめるためにお寺のイベントの際に演じたことがはじまりです。西欧も日本もいずれも娯楽としてではなく、そこに集まる人々をまとめていく場づくりとして効果があったからです。

「ギリシャ演劇」という言葉を聞いたことがあるかと思いますが、ギリシャ演劇はプロの俳優たちが演じていたのではなくて、もともとは町内会や自治会に属する一般の人たちがお祭りの目玉の一つとして上演していました。演劇公演の演目は決められていて、悲劇とユーモアを織り交ぜた内容で構成され、住民が自治をつくり、共同体を守るために行われていたものです。それは慰安旅行の出しものに似ています。

演劇は人間が声を出すこと、五体（全身）で表現すること、感情も表現に活かして伝えていくことなど、人間の機能をフルに活用していくものです。ですから、演じる人が俳優かそうでないかは、このころはさほど重要視されていなかったわけです。

演じる人が俳優である必要性がないのなら、ＡＩやロボットを使った演劇も出現するかもしれないな、と思われている人がいるかもしれませんが、すでに出現しています。しかし、厳密にいえば、これは演劇ではないと思っています。

というのも、演劇は観るもの、すなわち鑑賞者が存在して初めて成り立つためです。鑑賞する側の人間が人を演じることによって「感動する」必要があるのです。「感動」という感情は、人間の創造レベルでなければ相手に理解を促せません。そこに、ＡＩやロボットの限界があるのです。

また、演劇は演じる者と鑑賞者の間に「目に見えない大切なもの」があります。それは演じる者と鑑賞者の間にある「参加交流」という概念です。この双方が「参加交流」という行動を起こすことによって、初めて演劇の役割が機能していくのです。こうした概念の取り組みはＡＩやロボットではなくて、創造的に人間社会を築く人間が自ら取り組まなければならないのです。

ところが、人間の鑑賞能力が劣化してしまうと、ＡＩやロボットの鑑賞能力・計算力が人間よりも勝ってしまう危険性があります。鑑賞能力は経験の積み重ねによって洗練されていくものだからです。西欧のオペラやバレエ、オーケストラなどの舞台芸術、演劇もまたそうですし、映画のような映像も同じことです。優れた作品や演技を観て、体感することによって人間は感動し、その価値観を共有していきます。

しかし、そうでない場合には、観客の鑑賞能力は劣化していくことになります。人間の鑑賞能力の劣化は実は恐ろしいことで、**市民意識の低下につながっていく**ので、民主的政治を目指していくにはマイナスになります。

では、そうならないためには、どうすればいいのか。これが先ほどふれた、「教育」がキーワードになることと結びつきます。教育をすることで、ＡＩに負けない集団的要素を身につけていくことができるからです。教育は社会とのつながりという点から、一括りでとらえる必要があるわけです。

そこで教育と社会の公共的な要素として、いま、芸術の一つである「演劇の持つ公共性について理解すること」が求められているのです。あなたにもっと深く演劇を知ってもらうために、芸術と呼ばれるものの誕生を順番にみていきましょう。

「人と人がつながる」演劇

演劇には「人と人とをつなげる力」があります。また、小説を読んだり、音楽や映画や舞台芸術を鑑賞することによって人は感動し、共感する性質も持っています。自然界の生き物のなかで、このような行動を取るのは人だけです。それはなぜなのでしょうか。

「見えざる手」という言葉を聞いたことがあると思いますが、これは前出の英国の経済学の創始者ともいわれるアダム・スミスの言葉です。スミスは、人間には共通の作用により「公平な観察」が心のなかに形成される仕組みがあると説いています。

アダム・スミスは『国富論』（１７７６年）で知られていますが、このことは若いときに執筆したもう一つの著書『道徳感情論』（1759年）のなかで書かれています。どうしてアダム・スミスが登場するのかというと、産業革命以降の市場社会について警笛を鳴らしたことが、今日になって現実化しているからです。ここで大切なのは、市場社会という言葉です。人は音楽や映画などを鑑賞し、感動を共感することから得られる内的な喜びによって「信念」や「確信」を強化していく性質があります。音楽や映画だけでなく、オペラやバレエや演劇など舞台芸術といわれる芸術にも同じ役割があります。

ここで芸術と呼ばれるものが誕生した順に考えてみることにしましょう。

まず、言葉や文字のない生活を想像してもらいたいのですが、古代人が描いた洞窟の壁画からわかるように、合図で音を伝える太鼓や笛、彫物などは文字や言葉のない時代に存在していました。恐らく人間のコミュニケーションの手段は、身振り手振りの手法であったのでしょう。ということは、コミュニケーションが取れない他民族に対しては、敵意を抱いたはずです。

次に言葉や文字が出現するのですが、その誕生の経緯は地域によって異なります。しかし、共通していることはそこで暮らす人たちにとって必要性があったからです。言葉や文字が出現したあとに、文学・建築や演劇が誕生したことがわかっています。誕生の順番でみると、音、動作、描く、彫る、話す、つくるとなります。

これらは音楽、舞踊、絵画、彫刻、文学、建築と展開していき、そして7番目に演劇なるものが誕生したのです。今日では、演劇は第7芸術として認知されています。映画やネット上のコンテンツは第8とか第9芸術と呼ばれる場合もあります。

「哲学」「政治」「演劇」にある共通した目的

演劇の正確な起源は古代の宗教的な儀式から発展したものと考えられています。日本では古くから雅楽や田楽から発展しています。神々を崇めたり、田畑の豊穣を祈った儀式として行われたものがはじまりとされています。武家時代になると、足利義満が指示したことから「能」が発展したことは有名ですが、能は死者を表現するなど政治的な理由によって変遷していったものです。

信長や秀吉や家康の時代も能は幕府の式学として引き継がれました。そのため、謡や舞を習得している人たちは高貴な階級だとされたのでした。江戸時代の中期になると、歌舞伎や人形浄瑠璃が誕生しましたが、西欧の展開とは異なって民衆たちにより支持されたものです。これは市場性が強いといえます。

典礼から発達した演劇ですが、典礼は権力者を崇めて支えるための儀式です。ギリシャ・アテネの時代には神の言葉でさえ訂正することができませんでした。演劇の言葉（セリフ）は神の声としてとらえられていたのです。前述のようにアテナイのアクロポリスの麓には、「ディオニソス劇場」の跡地が現存しています。世界最古の劇場といわれ、紀元前３２５年に建設されたものです。紀元前5世紀頃にギリシャ悲劇が成立し、哲学者プラトンの弟子であるアリストテレスが『詩学』のなかでギリシャ悲劇について論じて文献に残る最古のドラマ理論が残されています。

ここで哲学の話をするのは、「哲学」「政治」「演劇」には共通した目的があるからです。演劇が誕生する時代の少し後に哲学のソクラテスが誕生し、活躍しています。ソクラテス、プラトン、アリストテレスによる哲学の歴史が展開されました。哲学と演劇は、ほぼ同時代に派生しているのです。これには理由があります。

演劇は創造の過程や上演において、人々を結びつける社会的な芸術です。一方、古代ギリシアで哲学は、学問一般を意味していました。以後、ルートヴィッヒ・ヴィトゲンシュタインは、「哲学の目的は論理的明晰化であり、哲学の仕事の本質は解明することにある」と説明しています。

マルティン・ハイディガーは、「哲学の根本的な努力は存在者の存在を理解し、これを概念的に表現することを目指している」と説明しています。演劇と哲学はコミュニティを築いていくものであることから、必然的に政治と共通した目的があることが理由になります。

前幕で「モノの余剰」から「モノを貯蓄する」ために文字や計算術が考えられたことを説明しましたが、余剰分を保護していくために人間はステートづくりを目指したのです。つまり、国づくりが必要だと考えたのです。

こうして典礼からはじまった演劇へ発展していく様式が国づくりへとつながっていきました。ギリシャ・アテネで大劇場をつくり、民衆を集めて儀式を行う行為はステートづくりが目的であったわけです。もちろん、国という概念がなかったので、人々に国づくりをしている感覚はなかったかもしれませんが、こうした場を通して自らの生活を守り、貯蓄された穀物や資源を分配するために、共同体体制を構築していったのです。

哲学というものがまだなかった頃、ソクラテスはステートづくりの定義を考えました。共同体という国をまとめるためにはリーダー役として、やがて国をマネジメントする人が必要になる。そのためには「権力者のトップである王が哲学者でなければならない」と唱えたのでした。いままでにない考え方をしたソクラテスは、世間からは受け入れられず、危険な人物だと敵視され、投獄されて処刑されてしまいました。最も国の繁栄を夢見ていたのに、です。

ソクラテスの弟子のプラトンは、そうした悲しい現実を見て、哲学なるものの定義を変えていきました。もともとは「国家」「公共」に関わる政治家を目指していたのですが、民主政権の惨状を目のあたりにして政治に関わることを避けて、「哲学の追求」と「政治の融合」を模索したのです。身を守りながら、市民教育を進めていくためです。「国家」「公共」についてダイレクトに主張しなくなったのはこうした背景があるのですが、同時に、このあたりから哲学がむずかしいものと思われるようになっていったのです。

その後、プラトンが紀元前387年頃、アテネの郊外に建てた学園（哲学を広く養成した）アカデメイアは有名ですが、ソクラテスの考えを伝えていくためにつくられたともいえるのは、こうした歴史があるのです。ソクラテスが処刑された後にプラトンは、30代のときに対話篇を執筆しました。プラトンの対話篇は、多くの人物間での対話形式の手法による文学作品といわれています。ここから「対話の哲学」という言葉が生まれています。

対話の哲学とは、対話者という他者を通して哲学を追求していくことと考えられます。すなわち事象の概念について対話を通して追求していくのです。**ダイアローグ（Dialogue）**の意味は対話のことですが、ふたり以上で問答を取り交わし、話し手と聞き手が理解を深めながら、お互いに共感や意識や行動の変化を引き出し合う創造的なコミュニケーション方法です。

組織内における学びや創造、問題の解決、ビジョンの共有などに有効なアプローチとしてダイアローグという手法を活用していくことは有効です。読者のみなさんの組織内でも、コミュニケーションのあり方の見直しにより、問題が解決していく可能性がありますから、ダイアローグを活用してみたらどうでしょうか。

また、子どものための哲学という教育方法もあります。子どもに推論法や議論のスキルを向上させることを目的にしています。哲学教育を通して民主主義社会の実現を目指した考え方の一つです。こうした対話と哲学のあり方からわかるように、演劇もまた他者との会話の対話から成立することから、演劇と哲学は、社会をつくるために共通する視点があるのです。

繰り返しになりますが、演劇は「相手の存在があってこそ成立するもの」で、「そのための言葉のやりとりが対話」になります。ここでソクラテスやプラトンの話をしたのも、企業や組織において対話の重要性が叫ばれているいま、ビジネスパーソンにとって必要とされるダイアローグを演劇から学び活かしていくことができると思うからです。ダイアローグは、共通の価値観や目的意識を確認して共同体意識を確認していくツールとして、とても役立つものなのです。

演劇も企業も人とのつながりで成り立つ

演劇は第7芸術であり、バレエ、オペラ、オーケストラなどと総称して舞台芸術（Performing Arts）と呼ばれます。舞台芸術は文化芸術（Arts & Culture）の要素に取り込まれ、そして長い年月を経て文明を

図表2-1「文化」と「文明」の関係

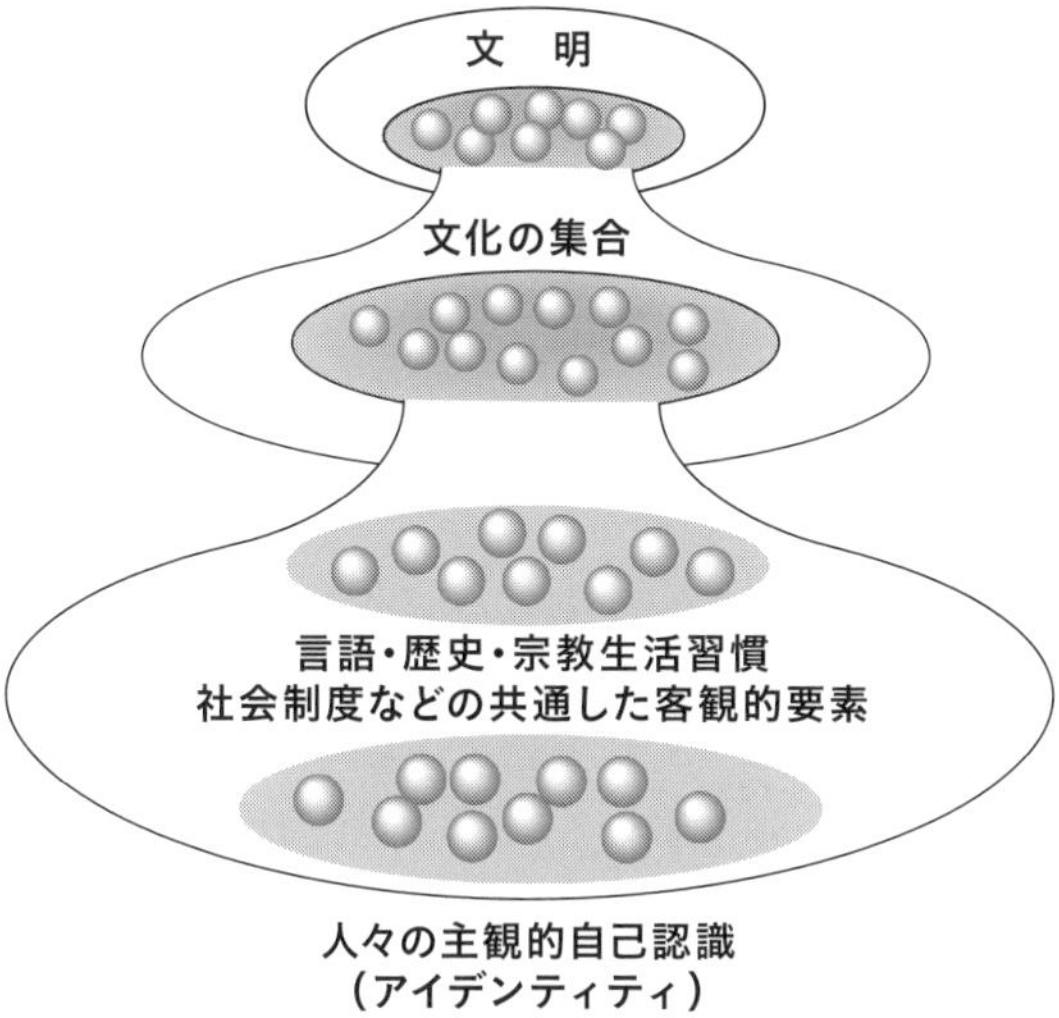

出典：筆者作成

形成していくことにつながっていくのです（図表2‐1）。

文明は「Civilization」であることから、「市民＝Civil」ないし、「Civic」が文明につながっていく要素であることが理解できることと思います。2021年に東京オリンピック・パラリンピックが開催されますが、オリンピックはアスリート競技の争いと思われがちです。しかし、本来は一国の文化芸術の価値観をお互いに認め合うことによって、平和で豊かな社会づくりを目指す目的として行われるものです。お互いを認め合う文化的な多様性が大切であることの認識が大切です。

ここまで読み進めてきても、「演劇」は「何か特別なもの」「むずかしいもの」というあなたの認識に変化はないかもしれません。なぜ、日本ではむずかしく考えられるようになったのか、その理由をここでお話しておきましょう。

まず、その理由を理解するためには、日本の演劇の歴史的背景について知っておく必要があります。日本を代表する演劇といえば、「能」「歌舞伎」「浄瑠璃」が思い浮かびます。能は足利時代、歌舞伎や浄瑠璃は江戸時代中期に発生したといわれています。日本の演劇の特別な事情は、明治時代の改良運動にあります。西欧との不平等条約を是正するために、欧化政策の一環としてさまざまな工芸品や文化的対象物に対して、改良が行われからです。

1886年に結成された「演劇改良会」では、歌舞伎を対象に近代社会にふさわしい内容のものに改めようとしましたが、結果的に官僚の無知識と改良運動に専門家が不在だったという理由から失敗しました。それが今日の日本の演劇事情の重大な欠陥をもたらしています。これについては後述していきますが、「演劇の制度化の失敗」が「欧米の舞台芸術の仕組み」と比較して大きな差異を発生させたのです。それによって日本の舞台芸術活動において、演劇が生き残るために市場性が強くなり、欧米に比べて不利な状況になってしまったのです。2001年に「芸術文化振興基本法」が制定され、のちに「芸術文化基本法」とされましたが、十分な予算が配分されないいまま、課題が残されています。

演劇改良運動の失敗により、何よりも第一に国民の表現訓練や芸術体験の場を失ったのです。教育の場でも、子どもたちが表現していくための技術習得の機会が失われたのでした。2020年のコロナ感染発生時では、舞台芸術業界が真っ先に被害を受け、その脆弱性が露呈しました。

アダム・スミスの「共感」の原理

アダム・スミスに再度、登場していただこうと思います。演劇と人のつながりについて議論するためには、アダム・スミスの視点が欠かせません。アダム・スミスは『道徳感情論』のなかで「人間社会の共感の原理」について述べています（図表２-２）。

それによると、近代市民社会で独立している個人は、**「共感＝sympathy」の原理**のもとに成り立っていて、人間は利己的であるものの、他人に同調する性質があるという道徳性を指摘しています。そして、他人から見る**「公平なる観察者」**が**「同感＝sympathy」**することで、**観察者は「内なる人」として内面化**する。他人から見られることで自己規制し、**道徳観を持った正義社会が形成される**と主張しています。

わかりやすくいえば、人間は共感や同感を持ち、他人から見られることによって自分をコントロールし、道徳観ある正義社会をつくっていく性質があるということです。

またスミスは、産業革命以降の市場社会について警笛を鳴らしています。自国だけが儲かればよいという重商主義と呼ばれた当時の保護貿易政策を批判していたのです。権力と貨幣の追求による分業化社会は、弱い立場の人間を行き場のない方向へ追いやり、生きることの喪失、社会的無秩序、不安定現象などを発生させるというのです（図表２-３）。何だか現代のようではありませんか。

市民の共同生活社会は日常生活において、言語コミュニケーションが実践され、人と人との相互理解によって成立する社会を目指した文化的生産が行われる、と述べています。

つまり、共感や連帯感は、「言語コミュニケーション」や「人と人との相互理解」という社会活動や文化的創造行為のなかで、共感や連帯感を生み、文化や文明へのストックへとつながっていくのです。多様な文化が発展して文明を形成していくには、文化の貯蓄が必要なのです。そのためアダム・スミスは当時

図表2-2 アダム・スミスの『国富論』と『道徳感情論』

アダム・スミスは、分業によって失われた人間の持つべき判断力や精神力の健全性を回復するために芸術や文化を支えていく政策が必要であることを指摘している

人間の幸福＝平静（traquility）＋享楽（enjoyment）

＜アダム・スミスの理論＞

分業の誘因
「交換性向（Propensity to exchange）」
人間本性のなかにある

交換性向の原因
「説得性向（Principle persuade）」
人間の能力として人の言葉を交換し、
他人と感情や意志を伝え、相手の同感を得る

出典：筆者作成

でいう文学や音楽、そして演劇が必要であると主張していたのでした。これは当時としては大変先見の明がある意見です。言語コミュニケーションや人と人との相互理解を身につける手段は、演劇のなかにあるからです。

　演劇が人と人とを共感でつなげていくために活かされる必要があるというアダム・スミスの考えの影響はシェイクスピア演劇にもあります。彼の誕生は１５６４年で、アダム・スミスは１７２３年の誕生です。アダム・スミスから見れば１００年以上も前にシェイクスピアが活躍していたことになります。英国では演劇はすでに確立されていたのです。

　シェイクスピア演劇はシチュエーションとして、演劇は自分以外の人間を演じていくわけですから、「観察能力」が必要とされます。演劇は自分以外の他者を演じているので、他者を観察しなければ演じることができません。

　シェイクスピアが活躍していた頃、女役を男優が

図表2-3 共同生活社会の成り立ち

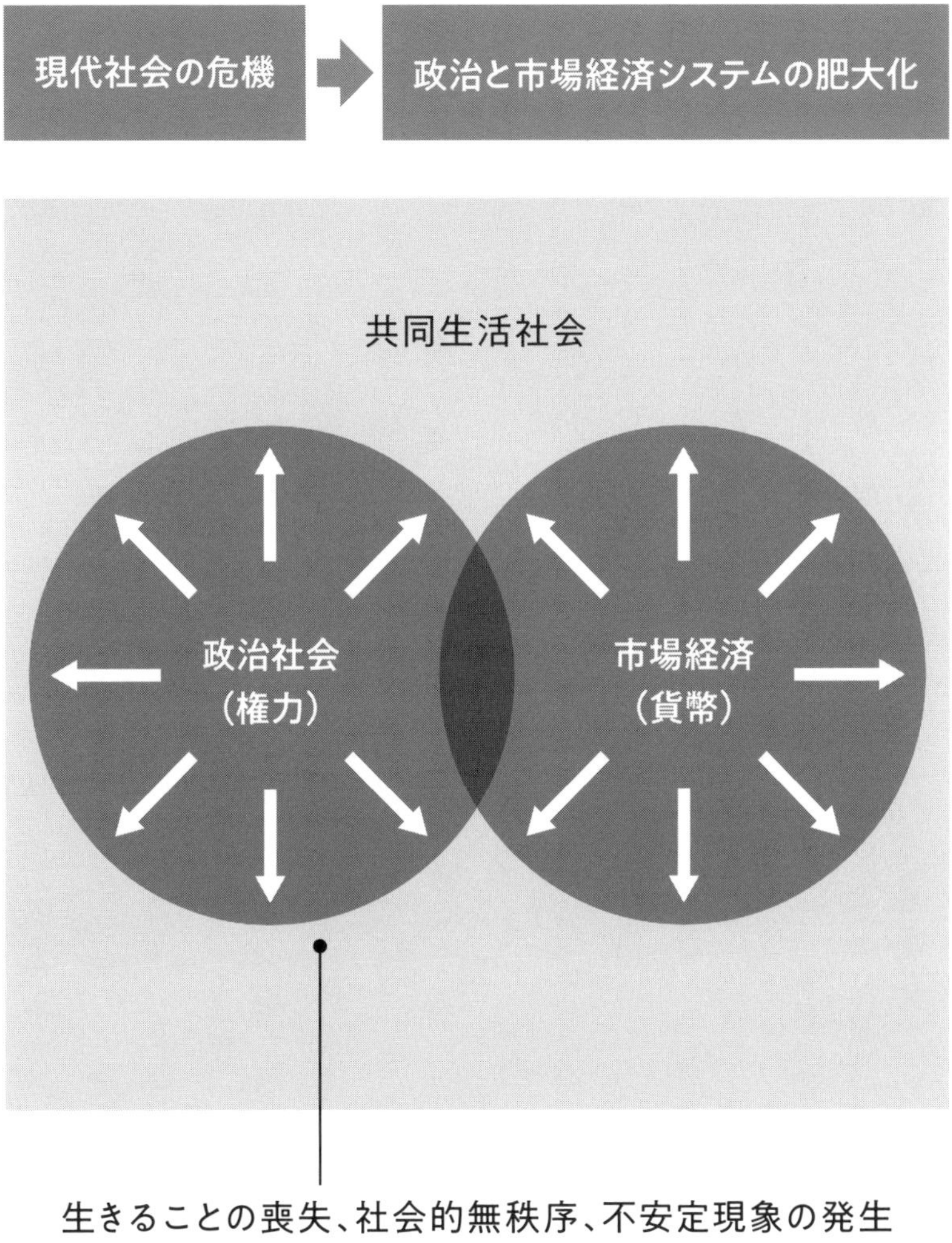

●共同生活社会では、「言語コミュニケーション」や「人と人との相互理解」により、社会的活動や文化創造行為のなかで共感や連帯感を生み、文化や文明へのストックへとつながる

出典：筆者作成

演じていたという事実があります。たとえば、「ロミオとジュリエット」のジュリエット役を男性が演じていました。他者を観察する視点で考えれば、女性を男性が演じるというおかしな時代だったのです。

日本の歌舞伎も遊女の品定めの場にもなった「遊女歌舞伎」として広まっていたこともあり、幕府の女人禁制という理由による厳しい取り締まりから、すべての出演者が男だけの演者になってしまったことは知られています（図表2-4）。

これも同じ原理が働いているわけです。当時はまだ、女性が人前で表現することへ抵抗があったのです。アダム・スミスの話から少し脱線したので話を元に戻しましょう。経済の専門家であるはずのアダム・スミスが、芸術の必要性を唱えていたことがわかります。なぜなのかというと、貯蓄を目指した分業化社会で人間らしく生きていくためには、エコノミー的な視点が大切であることに気がついていたのです。ここでいうエコノミー的な視点とは、「値段のつけられない価値観」という意味です。

西欧にはじまった演劇を含む舞台芸術は、公的な財産としての価値に値段がつけられず、公共財として市民に守られてきたものです（この仕組みを日本では改良運動として取り入れようとしたわけですが、「公共の視点」が欠落していたのでうまくいかなかったのです）。公共の視点とは、人と社会とのつながりからつくる空間を考える視点と置き換えられます。

第7芸術である演劇が市民とつながるツールとなって、市場社会における市民社会構築のために舞台芸術として認められてきたのが、西欧の歴史でした。演劇と市民をつなぐ活動の場として劇場の存在が不可欠だったのです。劇場建設には多額の資金が必要なため中世以降、市民活動によって資金が捻出される仕組みが求められたのでした。

図表2-4 異なる文化圏における芸術(芸能)の並行発展性

●芸術(芸能)の成立発展には共通の基盤があり、同じような文化現象がみられる

➡文化進行の並行性

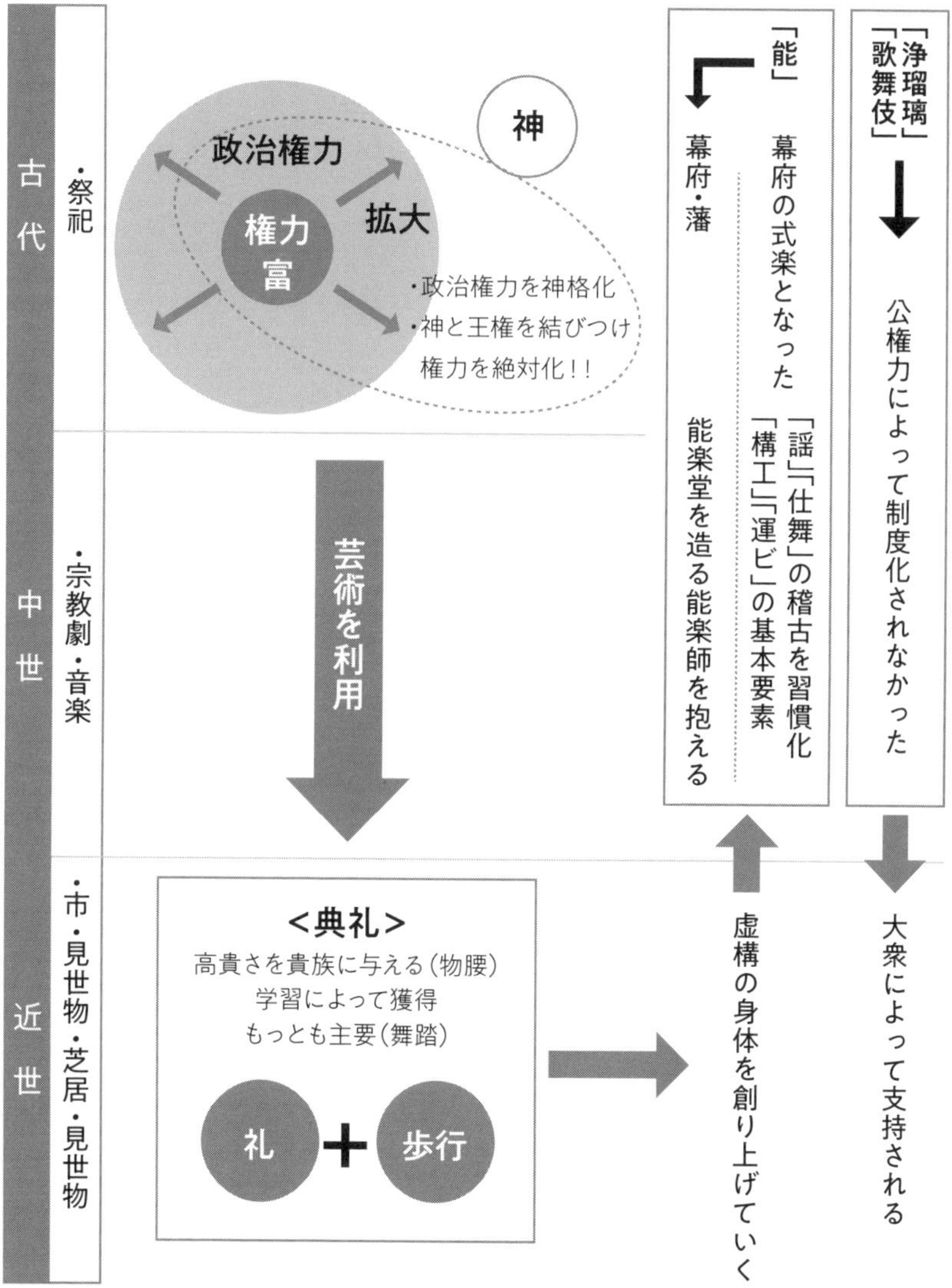

〈出典〉筆者作成

イギリスの経済学者ジョン・メーナード・ケインズは、劇場を公共化することでイギリス国内の経済発展のために施策を行い、観光産業で成果を出しました。ケインズの妻もロシアのバレリーナだったことから舞台芸術に対する理解があったのです。

演劇活動の場は「劇場」

劇場がまだなかった頃、演劇がどのような場所で行われていたと思いますか。演劇の国といわれるイギリスと日本を比較しながら説明していきたいと思います（図表2-5）。

まず、ロンドン・ウエストエンドの劇場街は、テムズ川の辺りから発達しました。当時は治安の取り締まりが厳しいなか、シェイクスピア演劇はエリザベス女王一世に擁護されていたこともあり、市民に支えられて演劇を上演していました。当初は屋外で上演されていたのですが、のちにグローブ座が建てられ、市民のシンボルとして認められる存在となりました。他にもフォーチュン座が知られています。

この辺りから劇場街が発展して世界的に知られるウエストエンドが誕生しました。シェイクスピアの生誕地であるストラトフォードは、現在はＲＳＣ（Royal Shakesupear Company）の本拠地として観光客で賑わっています。

図表2-5 公共劇場の不在

- 舞台芸術（演劇・音楽・舞踊）活動の公共空間となるべき公共劇場は長い間存在しなかった
- 近代以前には、日本社会に芝居小屋が存在していた江戸中期　京・大阪・江戸の三都において官許により興行が行われていた 全国各地に存在（約2000ヵ所）

＜公共劇場誕生における日本と西洋の相違＞

	日本	西洋
権力者の基盤	権力者が経済基盤としての土地を所有していなかった	権力と富（カネ・土地）を手に入れ、ステート建設を目指した
公共劇場成立の背景	将軍・大名の公権力の後ろ盾による劇場（公共空間）が存在しなかった	宮廷劇場が市民層の手に渡り、市民階級により公共劇場が誕生
市民意識	近代を開く成熟した市民階級層が形成されなかった ※自由民権運動—民衆の広い基盤を獲得できなかった	市民力の強さや公共精神の高まりを立証
	1573年　織田信長が足利義昭を倒し、室町幕府滅亡 延暦寺焼打ち →寺院は政治の下へ 1591年　豊臣秀吉 →朱印状 1601-1616年　徳川家康→寺院法度 1635年　→寺社奉行 1662年　→老中所管から将軍直轄へ	1548年　オテル・ド・ブルゴーニュ座（フランス） 1598年　ミラノ・テアトロ・ドゥカーレ（イタリア） 1659年　パレ・ロワイヤル劇場（フランス） 1669年　コンセルバトワール（フランス） 国立音楽演劇学校 1680年　コメディ・フランセーズ設立（ルイ14世による制度化） モリエール座とオテル・ド・ブルゴーニュ座が一体化 1710年　ウィーン市立劇場（現・オーストリア）

〈出典〉筆者作成

一方、日本の歌舞伎は京都四条の河原から派生しています。人形浄瑠璃は、大阪の船場において上演されました。シェイクスピアも河のある場所から演劇がはじまっていますが、それは河があることにより交易があり、人々が集まりやすいということ。そして、遊女や旅芸人や浮浪者のような人たちが集まっていた場所だったのです（もともと俳優という認識はありませんでした）。

河の近くには処刑場もあって、処刑の後始末に浮浪者たちが賃金のために労働させられていたこともあったので、彼らがここに住んでいたようです。京都四条には日本最古といわれる劇場「南座」があり、400年を迎えているのも、この歴史を知ると納得できるかもしれません。

次に、演劇に対する考え方と歴史的変化の視点から135年前の演劇改良運動の頃から今日について比較してみたいと思います。

日本は明治以降、日清戦争、日露戦争、太平洋戦争と三度の大きな大戦がありました。そのため社会が安定していない間の演劇が停滞してしまった歴史があります。演劇活動の場が劇場であり、劇場存在の必要性の視点から見ると、日本の演劇史に大きな変化が現れるのは、高度経済成長期の頃になってからです。

高度経済成長の背景「ハコモノ」の批判

戦後、日本の高度経済成長を背景として、1970年代から急速に文化施設が建設されました。多くの自治体が文化施設を所有することで、手早に「文化的まちづくり」が達成できると思い込んだのです。

文化施設といっても「美術館」「博物館」「図書館」「公民館」「文化会館」などさまざまです。博物館から公民館までの施設は社会教育法に定められる施設ですが、ホールや劇場は地方自治法221条に定められる「公の施設」であり、その目的が異なります。

そのうち劇場やホールを用途とするものだけでも、「音楽堂」「市民ホール」「公共ホール」「県立劇場」「市民劇場」など、多くの名称があります。ホールや劇場の機能を持つ多くの施設は、目的が曖昧なことから、いわゆる「ハコモノ」施設としての批判を浴びてきました。バブル以降、市町村合併や自治体の財政難により、施設の運営管理面においても厳しい状況におかれてきました。

さらに、築年数が30～40年を超える施設も多く、施設の維持だけでなく、その存続自体も危ぶまれているのが実情です。何よりも多くの施設では、なぜ施設がここに存在するのかというミッションと理念が欠落し、「多目的は無目的」などと揶揄されています。多くの自治体が社会的意識を理解した活動や運営のための専門的人材の育成を怠ってきた結果ともいえるのです。

文化施設のミッションは多く存在し、重要な目的の一つに地域住民のアイデンティティを確認し、ウエストエンドのように地域を活性化し、住民の自治のために機能していくことが求められています。「まちの再生」「まちづくり」「地域おこし」が叫ばれながらも、施設の役割を果たしてこなかった自治体も少なくありません。「文化」は人間の歴史と共に築かれ、「芸術」は一定の環境のもとで生み出されることが多くあります。文化を振興していくためには「ハコモノ」というハード面だけでなく、むしろ人的なソフト面が重要です。そのために演劇の活動の場となる劇場から育った人材の適用が必要なのです。

企業は創造的な人材を求めている

１９７０年代以降のグローバリゼーションは、地球的歴史規模で大きな転換プロセスに影響をおよぼしています。米国発の９・11同時多発テロや米国発の金融危機にみられる政治と宗教の融合から生じた非国家組織による暴力行使や政治と経済の国際的ルールの必要性などは、グローバル化のプロセスにおいて大きな変化が生じていると考えられます。

これまでの国際間の問題は、政治・経済・宗教という領域で研究されてきましたが、これからは「文化」を切り離して論じることは不可能となってきています。企業理念には「文化」の重要性を認識し、平和で安心を担保することのできる豊かな社会を構築していくことが求められるためです。そのためには私たちが求める文化を手に入れるための方法論を築いていかなければなりません。「人と人が認め合う」という視点から「文化的多様性」が求められるようになってきています。

演劇とはそもそも自分があってこそ、相手の存在を認めることができるということをお話ししてきましたが、正にいま、演劇の役割が求められるのです。

企業社会は組織システムのなかで日々の仕事をこなしていくわけですが、演劇もまた同じような仕組みで成り立っています。企業が求める人材は、これまでのような正確に仕事に取り組むだけでなく、新たな未知の世界で挑戦することができる提案力ある人材です。そのため新しい仕事の価値観を共有し提案していくために「創造性」が求められるのです。

リーダーシップに求められる能力

次に、「創造力」や「創造性」について考えてみましょう。

高度成長期以降、創造性の高い人材の育成が産業界をはじめとして日本では求められるようになりました。グローバル化が進行し、これまでの企業が経験したことのない、未知の世界へ向かっていくなかで、「新たな価値を見出し、問題解決の方法を創造していく」ことが必要とされるようになっています。そんな環境の中でリーダーに求められる条件には大きく3つあり、

①創造すること
②計画すること
③遂行すること

です。リーダーシップの根幹をなすのは創造的な能力であることが、多くの企業の共通点です。また多くの日本人は、課題や与えられた企画立案能力や統率実行能力は高いのですが、**前人未踏の未知の世界へ**どう進むべきかを決める能力を持った人は少ないとよく聞きます。

創造力のある「クリエイティブな人間」は、残念ながら会社組織のなかではなかなか育てられません。それは幼少期から人格形成される前に身につく可能性が高いともいわれています。ところが、幼少期から青年期にかけての子どもたちには、受験をするためにしなければならない勉強があります。クリエイティ

ブなことに触れる機会がなかなかありません。とはいえ、受験の内容で重視されているのは、いまのところＡＩやロボットが得意とする計算能力などや知識量です。これでは、もし、シンギュラリティが訪れたときに人間は敵いません。現在の学校教育は制度的にも大きな問題があるといわざるを得ません。

では、どうしたらいいのか。

ＡＩの欠点である「言葉の意味の微妙な違い」を理解することや「創造力」を身につける訓練をしていくことに可能性があるのです。ところが、「創造力」や「創造性」は何かと問われたときに、その意味を正しく理解されてないことが多いように思われます。

また、「創造性」は個性と関連づけられることも多く、個性的なことはよいこと、個性を育てることが心の教育であるという考え方も支持されていますが、掘り下げては考えられていません。「創造力」は、モノや情報を組み合わせて新しいものをつくり出す能力。「創造性」は「創造力」を支えているものと考えられます。

「創造力」や「創造性」での「創造を起こす」ためには、ある環境に対して一定の条件を与えなければなりません。ある一定の条件とは、困難な状況のなかで、問題を解決していくための行動や姿勢が必要ですが、演劇を使った表現教育がその一つの可能性としてあるのです。参考までに少し古いのですが、教育のなかで目標とされる創造性については、１９８０年以降、臨時教育審議会、中央教育審議会は、教育目標として設定されています。

演劇の表現訓練では、ある条件のもとに与えられた課題に対して自らが新しい発見をし、創りあげていくことが求められます。この繰り返しが「表現力」や「創造力」を身につけることにつながるのです。

表現することは「伝える」こと

ここからは少し教科書的になりますが、頑張って読破してください。

産業革命以降の分業化社会では、教育も分業化されて「公教育」となりました。学校教育では表現メソッドを体得する機会がありませんが、社会で活躍するためには修得していかなければなりません。個人の表現方法は、自らが身につけていかなければならないのです。

日本の教育は明治以来、西欧の知識や技術を早急に大量に教え込む、詰め込み教育だったことはよくいわれることです。子どもを能動的、主体的に育てるための教育が忘れられてしまったのではないか、と指摘されることが多いのも事実です。では、「表現力育成」のためのどんなメソッドがあるのかというと、学校での活動で創造性育成の要素として、ワークショップが代表例としてあげられます。

ワークショップの一つの手法としてインプロバイゼーション（Improvisation=即興）があります。相手を認めながら協働による創造活動に加わり、才能豊かになる経験を学ぶことを狙いとしています。

表現力に関する項目としては、「子どもの感性」「コミュニケーション力」「段取る力」「身体と表現力」などがあり、演劇的手法によって訓練していくことが可能であると考えます。

ここでこれらについて説明しておきたいと思います。

「**子どもの感性**」の教育は、芸術的教育の目的の一つです。子どもはさまざまな「あそび」の体験から感性豊かな人間力が形成され、ワークショップの一つである「劇遊び」は、教育手法として評価されています。子どもの表現力は、表現の形式が異なっても、音楽、絵画、踊り、工作、劇でも同じ性格や意味を持ちます。表現の本質では、心のなかにある理想の形をイメージして、表現を実現するためにいろいろ工夫し、努力していきます。

「自分はこのようにやりたい」とか、「あれが好きだ」「これは嫌いだ」というメッセージを形にして現していくのです。「表現」とは「表」に現すと書くのですから「裏」もあるわけで、心のなかにもっと深いイメージを創る空間があるものと思われます。自分が表現したい形が試行錯誤しながら姿を表わしてくることが、創造力の育成につながっていくのです。この試行錯誤では「つまずく＝失敗」体験が大切だと思います。幼少期のうちに集団の中で失敗を経験することです。つまずき考えて行動する姿勢を仲間とシェア（分け合う）することが大切です。

「**コミュニケーション力**」は、自分が心のなかで描き、納得して形にした表現を生かして相手に伝達する力のことです。コミュニケーションは「言葉の意味」と「感情」から成り立つために、自分が認めて表現をしても、必ずしも相手に正確に伝達できるとは限りません。伝達するメッセージの「意味」と人間の気持ちである「感情」が対になって相手に伝わることで、良好なコミュニケーションになるのです。

そのため「言葉の意味」の理解と「感情」を知るという両方を押さえておくことが求められます。そうすればコミュニケーションは、取りやすいということになります。しかし、感情には経験や知識の豊富さも含まれるので注意が必要です。

公教育といわれているように、共通の価値観である公共空間をつくっていくために、表現することによって伝えていく姿勢が大切です。コミュニケーションとは、そもそも共同体をつくる意味なのですから。

「コミュニケーション力」と「表現力」

最近、コミュニケーション能力が低下しているとよくいわれますが、少子化を背景として、パソコンや携帯電話、端末オーディオ機能などの情報通信技術が発達した原因があるように思います。メールの日常化に象徴されるように、言語的コミュニケーションの量的な減少はあるものの、人々のコミュニケーションから身体に関わるエネルギー（五感を使った表現）の分量が減少していることが推測されます。

また、「音読」から「黙読」の習性が日常化していることも、声を出して言葉を相手に伝えていくことに支障をきたしているように思います。このような現象は、私たちが仲間と共に協働して物事を成し遂げていく機会の減少に起因していることが推測されます。

「コミュニケーション力」は「表現力」とイコールではないことから、良好な人間関係を維持していくための何かが欠けているのでしょう。この欠けているものを発見していくために、演劇的手法による表現教育が必要とされるのです。コミュニケーションや演劇は対面関係から成り立つものだからです。

演劇的手法とは、状況や場面を読み取り、状況に合った適切な会話や行動をすることのテクニックを身につける手法です。第1幕で触れたように、これをコンテクスト（Context）というのですが、これを身につけることで、文脈や状況を読み取り、素早い対応ができるようになります。

アクティブラーニング（一方向的な講義で知識を得るのではなくて、学ぶ側が主体的に、仲間と考えながら課題を解決する力を養うこと）につながる要素もあり、ビジネスパーソンの場合、このテクニックを身につけることは必須事項です。あなたも訓練すればできるはずです。

「**段取る力**」とは、生活の中で場を認識し、目的を達成するために取り仕切る力のことです。何かを実行するときに、段取りができていないと仕事や作業が進みません。段取りのないところには、想像も創造も発生しないのです。正に仕事空間では、日常的に求められることです。

仕事の大局的な見通しをつけて、そのための準備を組み立てていくことが段取りであり、それを支えているのが「段取る力」なのです。「段取る力」には、身体力と関係がありますが、技術の修得においては、「ワザ」「コツ」「感」と「段取る力」はつながっています。演劇のメソッドは、まさに「段取る力」の向上のために役立つツールなのです。

舞台芸術における創造活動は、多くの他者との関係から協働作業を行なっていくことからはじまるので、そのための「段取り」がすべての参加者にとって求められ、「段取る力」を養う訓練ができるのです。段取ることは、どんなビジネスの機会にも必要なことなので、あなたもこれを理解して習得していく必要があります。

身体表現教育

人間の「心」と「身体」には深いつながりがあり、さまざまな議論がなされてきました。「身体二元論」

から「心身一元論」まで異なった解釈があるものの、今日においては二元論理解から一元論理解へ移行しつつあります。人間の「心」と「身体」の複雑な関係とつながりについて理解する方向に進んでいます。

歌を歌う、劇を演じる、踊りをおどる、絵を描く、文章を書くなど場面での学習は、自己表現と密接につながっています。自己表現の過程では、学習する側の人たちの個々の内面を表現しつつ、理解を深めながら他者と交流し、新たな発見をして一人ひとりが豊かになるシステムが発生していくものと思われます。

人間が身体を工夫して学ぶ文化では、「心」と「身体」を簡単に切り離して説明することはできません。このような身体文化を集団活動として、子どもたちの場合は、体験させるための表現教育が極めて重要な役割を持っています。身体を使った表現活動は子どもたちの心を開き、内面を豊かにして学習活動においても効果的な場をつくり出すきっかけとなるものです。

自己表現することで「心」は開かれる

人は表現することによって「心」が開かれるともいわれ、子どもたちにとっては、学習の基盤となる「心を開く」ための身体表現は極めて重要であることがわかります。

ここで大切なことは、子どもたちに考えるための対象を供給するということです。個人としての「人」に文化から情報を伝達し、社会から新しい刺激を与えることで、与えられた「場」において「人」は新しい変種を受け入れていく選択をしていくのです。このことが「創造」へとつながっていくと考えられます。これはビジネスにおいても同じことです。

体育における体力や理論、ワザ、コツ、感などの技術の修得は、文化的領域の修得とともに人間形成のために大切なものであり、人間の身体文化と密接な関係があります（図表2-6）。少しむずかしい文章になりましたが、社会人にとって必ず役立つ知識ですから読み解いてください。

ここからは、さらに掘り下げて、あなたの日常にもある言葉遣いで注意しなければならないことについてお話しします。

「言葉」はコミュニケーションの道具ですが、「内側の言葉」と「外側の言葉」によって、人間は知らないうちに使い分けているのです。「内側の言葉」は思考することによって個人の内部で確認されたものが、「外側の言葉」とならずに内側に留まるのです。ところが人間社会では、正しく内側で整理されないまま「外側の言葉」として表現してしまい、実社会において不都合なことになってしまうことはよくあることです。「ホンネ」や「タテマエ」としてとらえられていますが、人間の表現行動の一部であり、訓練することによって人間の身体文化の性質として言葉の使い分けを修得することは可能なのです。人間の表現行動として、言葉も「創造力」や「創造性」と結ばれているのです。

映画ドラマでは、表現する人が好きなように言葉を発していいというわけではありません。あらかじめ準備された台本にセリフが決められているのです。何度もリハーサルをしたうえで本番に臨むわけです。映画ドラマを企業と置き換えると俳優は社会人ですから、あらかじめのセリフの準備が必要なのです。

図表2-6「身体文化」と「教育」

体育の授業 ⟶	体力・運動力・機能力・筋肉コントロール力の発達、理論・ルールの修得
技術の教育 ⟶	ワザ・コツ・カンの修得
性的教育 ⟶	体と心のとらえ方、人間について考える豊かな人間関係・社会性を身につける
伝統領域 ⟶	柔道・剣道・茶道・華道・書道・弓道など型を先行して修得し、人間形成を重視

出典：筆者作成

企業の未来人材を育成する

前述のようにコミュニケーション力や表現能力の育成が、大きな教育課題となっています。コミュニケーションや自己表現は、他者との関係性のもとに成り立つものであり、自己表現は個人の表現的テクニックのように思われがちです。しかし、そんななか、自己中心的表現を避けるために集団による「協働」という方法が注目されはじめています。

「協働」を学ぶ方法の一つとして、前述のように学校教育で演劇教育が必要とされています。その成果と効果が求められるところですが、指導する立場の専門家が不在であるために、演劇界からプロフェッショナルな人材の派遣が必要になってきているのです。

というのも、演劇は芸術の一分野であり、人間が創り出した文化です。芸術作品が理解できるという

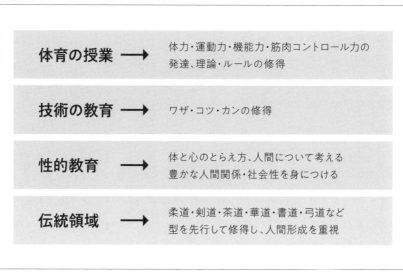

ことは、「作品の価値」を「自己の世界で昇華できている」ことを意味するからです。演劇は総合芸術であり、身体と言葉を使って表現し、人の心のなかに物語が内在し、メッセージを伝達する実演芸術なのです。このようなことがわかる演劇界からの人材が求められています。

演劇による表現的テクニックは自己だけでなく、他者との関係において「人」や「モノ」の分析や観察を通して表現していくことができるのです。このような行動は特別なことではなく、誰もが日常生活のなかで無意識のうちに行なっていることです。

演劇の手法は、五体を使って表現し、自ら考え、協働する仲間とアイデアを出し合い、実験の繰り返しを行いながら集団にとって最良のものに追求していくことになります。それは、ビジネスの社会においても困難になりつつある、問題解決能力や協働という方法でともに創りあげていく力へとつながっていきます。人間がより強く生きていくための行動力の育成へ進んでいくものです。演劇の強みは、自分以外である他者を認める力を養うことと、人と人とのつながりから創る力を持っていることですから、企業社会でも応用されるべきなのです。

対話の哲学

演劇教育の特徴として、与えられた課題に対する正解は、一つではありません。集団の協働により模索し、求めたものが正解に近づいていくのです。間違った回答が存在しないことから、体験者にとっては「自信につながる」のです。「人と人とのつながり」を創るためには、お互いの人間関係が信頼関係として成立する必要があります。これはビジネスにおいても、応用できることです。

自分以外の相手に対しての「感謝の気持ち」「思いやり」「まごころ」「誠実さ」が必要です。演劇教育は、表現者が俳優になることを目指しているのではありません。社会を構成する一員として立派に成長していくことを目的としています。

「対話力」や「コミュニケーション力」は、ワークショップにより修得していくことが可能で、ワークショップは創造力を高めていくための協働の場において有効なものです。偏差値教育における学力テストでは測ることのできない、体験者の「創造的能力」が導き出される可能性を十分に持っているのです。

他人と上手くコミュニケーションが取れないとか、ひきこもりが増えているなどの実態が社会問題になっていることは第1幕でお話したとおりです。また、SNSによるコミュニケーションは、相手が見えないだけに偏った伝達方法になりがちです。一概にはいえませんが、こうした実態が社会的犯罪にも何らかの影響をおよぼしている可能性があるのではないか、という意見もあります。そこを解決する糸口となるのが、「対話力」や「コミュニケーション力」を養うための訓練が求められているのです。

「対話力」は、「話すこと」「聞くこと」が基本であり、「対話」の目的は自分の価値観を相手の価値観とすり合わせることで、新しい価値観を創りあげることだと考えられます。つまり、異なった価値観によるコミュニケーションの往復に重点が置かれるのです。

「自分を知ること」や「他者を知ること」の姿勢を通して、演劇の世界では他者を演じることから、疑似体験をすることによって人物の感情を認識しつつ、「相手を思いやる心」に気づいていくことができます。また、「対話力」を育成していくには、人間の「身体」と「心」のバランスを感じて理解していくことが大切になります。このようなことも、演劇手法から調和を学んでいくことが可能なのです。

演劇は人や社会に役立つ公共財

明治時代の演劇改良運動の失敗から、日本では演劇だけでなく舞台芸術に対しての制度化が今日まで充分に行われてきませんでした。国立の音楽大学は創立されましたが、教師の育成が主眼であり、舞台芸術の人材を育成していく学部・学科は、今日まで皆無なのです。こうした舞台芸術の人材は本来、欧米のように政府によるアカデミックな組織運営によって育成されなければならないのだと私は考えています。

というのも、舞台芸術の特性には、再三、述べている①市場性、②芸術性、③公共性があるためです。このことをしっかりと教える機関が必要なのです。特に、公共性については、そもそも欧米で舞台芸術が保護されてきた最大の理由は、社会性・教育性として強いメッセージがあるという理由だからです。社会に必要な人材づくりは、実は公共性というキーワードのなかにあるのです。

しかし、日本の演劇は明治以降、欧米のような公共財としての認識が欠落していました。そのため演劇が生き延びるために、市場性がとても強く重視される（好まれる）傾向が強いのです。大正時代以降になって給料制度が浸透してくると、市民は演劇を娯楽として金銭の支払い対価の対象として認めていくようになりました。これが商業主義につながっていきました。

ここでは商業主義が問題なのではなく、演劇の公共性という舞台芸術の本来、重要な特性部分がはじめから削ぎ落とされてしまったことです。以降日本では、「芸能界」「興行界」「マスコミ」「テレビの世界」「タレントの世界」など、いろいろな呼ばれ方をされています。いろいろな呼び方があるということは、一貫した定義がないことにつながります。

２００１年制定の芸術文化振興基本法では、初めて各分野の定義が法制化されて示されましたが、その後の政策過程については課題が多く残ったままであり、未来に向けた手厚い公共政策が必要です。こうしたことからも、日本の演劇における俳優の存在もまた、市場性が強い傾向にあります。

そのため俳優は有名になって稼いで、一人前になることが目的である、という少し偏った考えがまかり通る事態になりました。残念なことに、そうした俳優たちもアカデミックに学ぶ機会が少ないために、多くの俳優は「公共のために貢献していくというミッション」が欠落しているように思われます。

公共という意味すらわからないという無知識な演劇人も存在することから、プロフェッショナルな演劇人たちによるリカレント教育（生涯にわたり教育、労働、余暇などを交互に行う教育システム）が求められているのだと思います。

企業社会で働く人たちはもちろん俳優ではありませんが、人や社会に役立つ仕事をしていく、という公共的なミッションは同じ意味を持っています。企業が必要とする人材になるための方法として、演劇思考を日常生活に取り入れてみることは、成果につながる仕事を導く機会になる可能性があるのです。

メディアにおける俳優の役割とは？

俳優には、公共性としての役割が求められます。いうまでもなく、演劇そのものが「公共財」として欧米で発達してきたからです。インターネットが発達している今日では、メディアとしての俳優の役割が強く求められているので、ここではメディアにおける俳優の役割について整理しておきましょう。

メディア（media）とは英語でいうmediumの複数形です。mediumとは本来、人や社会に役に立つという意味が込められています。つまり、俳優や演劇はメディアとして、人や社会に役立つ行動や活動をしなければならないことになります。人々が観るテレビもまたメディアですから、同様のことがいえるのです。

そうすると、舞台芸術の3つの特性のなかでも「公共性」が、大変重要な特性であることがわかります。

ところが、今日のマスコミにおける俳優やタレントのあり方に注目してみると、残念なことに社会的制裁を受ける人材も多いように思います。これは、欧米のアカデミックな舞台芸術の人材育成に求められている「公共性」を重視した教育方針が、日本の俳優教育では欠落していることにほかなりません。

その原因を辿ってみれば、明治期の演劇改良運動の失敗が今日にまで引きずっている理由であることは、すでに指摘しました。これからは日本でも、「演劇は公共財」という概念のもとにアカデミックなスタンスで、演劇や俳優の未来について真剣に考えていかなくてはならないのです。

英国のナショナルシアター（NT）は国立劇場、ロイヤルシェイクスピアカンパニー（RSC）やロイヤルアカデミーオブドラマティックアーツ（RADA）は王立の施設です。ニューヨークにあるジュリアードは国立大学です。世界中から選ばれた若者たちがアカデミックな教育を受けて伝統的メソッドを修得しています。

日本と欧米の文化政策の違い

なぜ、明治時代に演劇改良運動に失敗したのか。その理由について、日本と西欧との背景の違いについて触れてみることにしましょう。歴史的な話になりますが、知識として知っておくと役立つはずなので、しっかりと把握しておきたいものです。

改良運動にみる明治国家の文化政策の問題点は、近代市民を主体とした政策構想をしなかった欠陥が社会全体に歪みをもたらしたことが理由としてあげられます（図表2-7）。また、演劇改良運動は専門家が不在の状況で、当時の伊藤博文の婿養子であった末松謙澄を英国に派遣したものの、演劇の専門家ではなかったため充分な成果が得られなかったのです。留学経験のある森鴎外や早稲田大学文学部の前身となる日本文芸協会の坪内逍遥らが演劇改良運動に反対していた事実も特記しなければなりません。江戸時代の社会背景にも、大きな原因がありました。

徳川幕府の社会構造の特色である「兵農分離」体制下は、文化の担い手となる人材が出現する環境ではなかったことが推測されます。江戸時代の武士は経済基盤としての土地を所有していなかったために、西欧のように土地を手に入れることによる国づくりを目指すことがなかったのです。西欧では「権力」と「富（土地）」を手に入れたエリート階級はアカデミックな知的文化活動の担い手となっていきましたが、日本では文化を独占していく階層がなかったのだといえます。

また、西欧においては貿易利益により文化芸術の幅が拡大しましたが、日本は鎖国下において貿易利益

図表2-7 近代芸術 官僚による文化政策の失敗

近代国家としての取り組みにおいて、西欧音楽アカデミー制度導入の際、
「演劇教育」に関する部分を除外した重大な手落ちがあった

「演劇改良会」

メンバー　末松謙澄・外山正一

新欧米・欧化改良政策の一環として象徴される鹿鳴館に集う

↑

「近代演劇の芸術的進化について盲目である」(岸田國士の指摘)

↓

西洋演劇の技術的伝統であるアカデミックな階層に学ぶ選択がなかった

●パリ国立音楽演劇学校(コンセルバトワール)は音楽とともに演劇も含まれる

演劇改良運動
演劇改良会の組織化(1886年10月/明治19)

↓

新しい劇場の建設計画

↓ 設計コンドル
株式方式　渋沢・安田・大倉出資

頓 挫 ← スキャンダル
1887年4月20日 仮装舞踏会(井上馨邸)
1887年4月26日 天覧歌舞伎(官邸)
伊藤博文・井上馨主催 伊藤内閣崩壊

↓

演劇矯風会(1888年)
日本演劇協会誕生(1889年)

↓ うまくいかず…

坪内逍遥・森鴎外らが近代演劇の形成へ向かう

現代の日本演劇が歌舞伎と新派劇を主流とした
商業主義へ向かう道しかなかったのでは?

〈出典〉筆者作成

が得られず、学術や芸術のパトロンが不在であったために、日本の芸術文化の基調となるのは庶民による文化だったのです。

「市民階級」に支えられた西欧と日本の違い

西欧においては、宗教勢力の影響からアカデミーが形成されたために学術や芸術が発信されました（図表2－8）。日本の中世以降をみれば、織田信長が比叡山延暦寺を焼討ちしたように、寺院は政治の下に位置づけられていたために、欧米と比較すれば、「市民階級の不在」が原因であり、極めて市民意識が希薄な社会構造であったことがわかります。

西欧では、芸能が芸術に高まるためにはイエズス会（キリスト教のカトリック教会の男子修道会）の存在など知的階層の存在が大きく影響しました。これにより成熟した市民階級が形成されていったのです。日本においては「市民階級の不在」により、庶民の権利や表現としての芸術文化のあり方に影響を与えていったことが考えられます。こうした背景にあって、歌舞伎や浄瑠璃、浮世絵などの文化が誕生したのでした。

江戸時代の初期から歌舞伎は大衆に支えられて人気を博しました。浄瑠璃は歌舞伎よりはるかに早く1500年代前半くらいには存在していたようです。歌舞伎の初期は知られているように遊女歌舞伎（江戸初期に阿国歌舞伎の真似をして遊女らによって演じられた歌舞伎）でした。その後に若衆歌舞伎（前髪をつ

図表2-8 近代日本──市民階層の不在と文化政策

明治国家文化政策の問題点

近代市民を主体として政策構想しなかった欠陥が社会全体に歪みをもたらした

<日本と外国の文化政策成長の背景>

日　本	外国(西欧・インド・中国・韓国)
●徳川幕府社会構造の特色「兵農分離」体制下は文化の担い手となる人材が出現する環境ではなかった ●江戸時代の武士は経済基盤としての土地を持っていなかった(文化の独占がなかった) ●鎖国下で貿易利権も得られず、学術・芸術のパトロンが不在であった → 芸術芸能の基調は庶民文化 ●日本は中世以降、寺院は政治の下になっていた ↓ **日本は世界的にも特異な市民階層の不在市民意識希薄な社会構造ではないか？** その後の構造を特色付ける 近代市民の不在 ↓ 市民の権利や表現としての芸術文化のあり方に影響を与える	●「権力」と「富(土地)」を手に入れたエリート層は、知的文化活動の担い手となった ●土地を手に入れることによりステートを目指す ●西欧は貿易利益により文化芸術の幅が拡大した ●西欧では宗教勢力からアカデミーが形成され、学術・芸術が発信された ●芸能が芸術に高まるには知的階層の存在が大きい(イエズス会など) ↓ **成熟した市民階層が形成される**

〈出典〉筆者作成

けた少年による歌舞伎。若衆の美貌が売りものだった）が行われ、これらは幕府の風紀取締りにより禁止されたのです。しかし、庶民による歌舞伎の人気は衰えることなく、庶民により懇願されたあとに長い年月を経て、さまざまな変遷を辿りながらも後世に伝えられていったのです。

西欧の市民階級の意識と違うところは大衆という市場から支えられたのであり、アカデミックなものからはじまったのではありませんでした。このために日本の演劇が生き延びていくために、市場性がとても強い傾向になったと考えられます。

ボウモルとボウエンの舞台芸術理論

オーケストラやオペラ、バレエ、演劇など舞台芸術の経済学的特性は、アメリカの経済学者である、ウイリアム・ボウモルとウィリアム・ボウエンらの著作「舞台芸術のジレンマ」（１９６６年）によって初めて理論的に分析されたといえます。舞台芸術の公的支援の必要性が初めて理論的に示されたのです。「ジレンマ」といっているように、たとえば、オーケストラのような実演芸術は、生産費用に占める人件費が大きく、生産性が上昇しにくく、経営が赤字に陥りやすいのです。そのため供給が少ない方向になってしまうことになります。

そもそもアメリカにおいて世界恐慌時以降に、ニューヨーク・ブロードウェイやハリウッド映画などの娯楽産業が大きく落ち込みました。大不況時代ですから当然ですが、政府のニューディール政策の最重要政策として、雇用促進のために、芸術家支援政策（Federal1）が実施されたのです。あらゆる芸術分野の人々に仕事を与え、救済する政策でした。

政府はその後、研究機関に調査を依頼し、2年間に渡りアメリカだけでなく英国までも調査した経緯の後に、ボウモルとボウエルらによって研究論文が発表されたのでした。**舞台芸術の特性としては、経済的基盤が脆弱なために誰かが守っていかないと消失してしまう性質がある**のです。ですから、**公的な支援が必要であることを指摘**しています。

また、英国では、1946年にアーツカウンシル（戦時中、軍隊へ芸能サービスを提供する芸術を政治利用することが優先されたなかで、芸術支援のあり方を問い直すことを目的として生まれた組織）が設置されました。初代議長のケインズが「アームズ・レングス」という法則を主張し、芸術文化の公的支援の必要性と共に「資金は出すが、口出しはしない」というルールを確立したことは、大きく評価されます。

「アウトカム」からみた文化ストックの重要性

米国や英国ではこうした舞台芸術・実演芸術に対して、公的支援の必要性を政府が政策手法に取り入れたことは、大きな成果です。なぜなら、舞台芸術の特性として、「インプット」と「アウトプット」だけで成果が評価されるのではなく、「アウトカム」という数値化できない要素に、将来的な期待を求めるという考え方が理解されたからです。文化的な資源は、文化財としての貯蓄が重要だからです。

その結果、米国や英国で舞台芸術におけるアウトカムの状況を考察すると、現在では大きな成果につながっています。演劇では、シェイクスピアなどの古典から現代ミュージカルまで、英国発の作品が世界を圧巻しています。「レミゼラブル」「キャッツ」「オペラ座の怪人」「ミス・サイゴン」「ビリー・エリオット」「マチルダ」「ハリーポッター」など。

米国発では、ディズニーの「ライオンキング」「美女と野獣」「アラジン」「リトル・マーメイド」「アナと雪の女王」など、今後も映画作品の舞台化が数多くプロダクション化されていくことでしょう。

これらのほとんどは、日本でも長く上演されています。その予算規模も大きく、ロングランという上演スタイルのために多くの日本人観客を動員し、多額の公演収入に対しての上演ロイヤルティーが日本から英国や米国に流れています。また、ハリウッド映画においても、日本や中国は大きなマーケットになっていて、もはやハリウッド映画の経済的資源にもなっています。

こうした背景には、アメリカの世界恐慌以降の国家政策や英国のアーツカウンシルの創設による成果が、後年になって数値化されているといえるのです。舞台や映画は俳優の存在なしには作品化することができません。米国と英国はともに、政策として演劇学校や演劇大学を運営してきました。米国と英国がリードしている理由として、共通の言語が英語であることもまた、大きな前提条件になっていますが、その行方を見守らなければなりません。

ボウモルとボウエンたちの指摘による成果は、短期間で得られるものでなく、長期間に渡って見守っていく特性があります。オーケストラのように、初めは楽器が使えずに演奏することができなくても、繰り返し訓練していくことで、将来は見事なオーケストラの演奏が聞けるようになるのです。

つまり、舞台芸術は文化芸術として、ストックを継続していくことで成果が発生していくのです。この点、日本は2001年制定の芸術文化振興基本法が改定され、2018年には文化芸術推進基本計画（第1期）が挙げられました。今後5年間、2022年までの間の「文化芸術政策の基本的な方向性」が示されていますが、厳しい財政のなか、その未来は未知数です。

舞台芸術は市民を育てる

演劇の公共性という特性から得られる「舞台芸術は市民を育てる」「演劇と市民をつなぐもの」について理解するために、舞台芸術の持つ歴史とメカニズムについて解説しました（図表2-9）。ここでもう一度、整理をしてみたいと思います。文化芸術のしくみは、複雑でわかりにくいという特性があるからです。

演劇は第7芸術として舞台芸術に含まれ、舞台芸術は文化芸術の基盤であり、そのストックが長い年月を経て文明を築くことにつながるのです。一つの文明を築いていくための基盤になるわけですから、舞台芸術はメディアとして、人や社会に役立つものでなければなりません。

また、舞台芸術の経済学的な理論が近年理解されるようになって、ＥＵや米国では国家のソフトパワーとして、国家戦略に組み込まれています。

図表2-9 公共劇場とメディアの発達

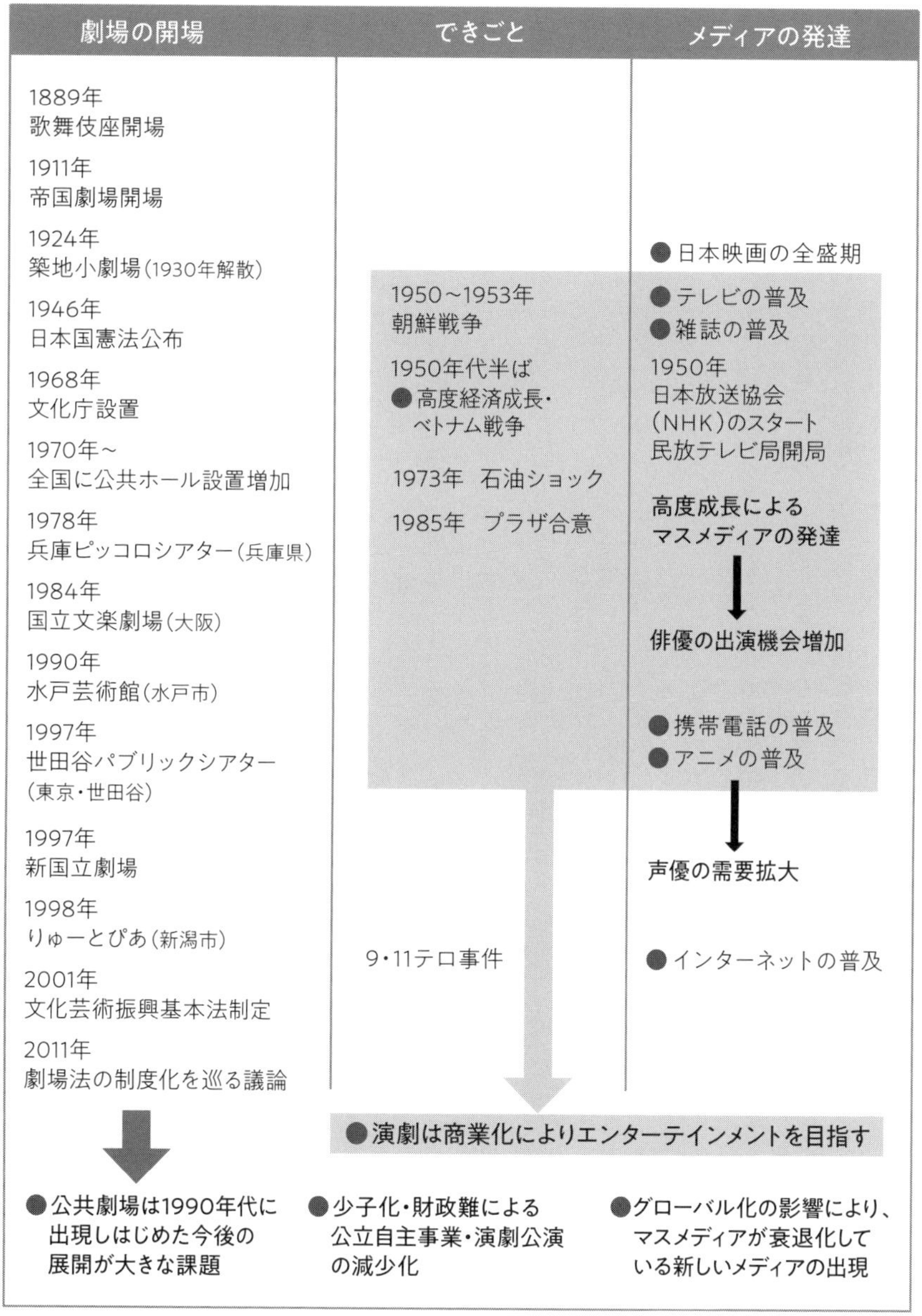

劇場の開場	できごと	メディアの発達
1889年 歌舞伎座開場		
1911年 帝国劇場開場		
1924年 築地小劇場(1930年解散)		● 日本映画の全盛期
1946年 日本国憲法公布	1950〜1953年 朝鮮戦争	● テレビの普及 ● 雑誌の普及
1968年 文化庁設置	1950年代半ば ● 高度経済成長・ ベトナム戦争	1950年 日本放送協会 (NHK)のスタート 民放テレビ局開局
1970年〜 全国に公共ホール設置増加	1973年 石油ショック	高度成長による マスメディアの発達
1978年 兵庫ピッコロシアター(兵庫県)	1985年 プラザ合意	↓
1984年 国立文楽劇場(大阪)		俳優の出演機会増加
1990年 水戸芸術館(水戸市)		
1997年 世田谷パブリックシアター (東京・世田谷)		● 携帯電話の普及 ● アニメの普及
1997年 新国立劇場		↓
1998年 りゅーとぴあ(新潟市)		声優の需要拡大
2001年 文化芸術振興基本法制定	9・11テロ事件	● インターネットの普及
2011年 劇場法の制度化を巡る議論		
↓	● 演劇は商業化によりエンターテインメントを目指す	
● 公共劇場は1990年代に 出現しはじめた今後の 展開が大きな課題	● 少子化・財政難による 公立自主事業・演劇公演 の減少化	● グローバル化の影響により、 マスメディアが衰退化して いる新しいメディアの出現

〈出典〉筆者作成

そもそも舞台芸術は中世の西欧において、市民運動によって権力者たちから解放されたものです。アダム・スミスが『道徳感情論』でいうように、人間が他人に同調する性質があることから、近代市民は他人から見る公平な観察者が「共感＝sympathy」する原理のもとに成り立っていて、共感や同感し合うことによって、道徳観を持った正義社会が形成されていくものです。

舞台芸術であるオーケストラ、オペラ、バレエ、演劇などを鑑賞し、価値観を共有していくことが社会形成に役立ち必要なことだと考えられてきました。スミスは弱者の救済のために文学や音楽、演劇など芸術の必要性を説いていたのです。

文明は「civilization」、市民は「citizen」、市民は「civic」ですから、市民には文明につながる言葉の意味があります。演劇が文明につながる役割と同じです。また「社会＝society」（ソサエティ）は、ギリシア語の「societas」（ソサイタス）であり、仲間たちという意味ですから、**社会は仲間たちと創る**ということになります。市民と演劇をつなぐものは、このような背景にあります。民主主義の思考はギリシャ・アテネから派生していますから、市民社会の前提は民主的国家を創ることが前提になります。民主的国家づくりのために舞台芸術は人間によって考えられ、創られたものなのです。

１９９０年代にハーバード大学のサミュエル・ハンチントンは、衝撃的な論文『文明の衝突』を発表し、世界は驚愕しました。米ソによる冷戦構造が壊れ、ベルリンの壁崩壊や天安門事件を経たあとに、世界は一つにまとまるのか？　という時代でした。そのときにハンチントンは、文明間の衝突を予告したのでした。

現在の地球情勢は紛争が多発していて、ハンチントンが指摘したように文明間の衝突が多く発生しているといえます。現在の日本政府が承認している国の数は196カ国（2019年）ですが、それに対しての文明の数は、ハンチントンの理論によれば、わずかに7つか8つの文明しかありません。地政学的な影響もあるものの、地球上の現在の文明は決して多くはないのです。

文明は、抽象的な概念を知識として繰り返し体系化していける人間社会によって、長い年月を経て創られていくものです。知識を体系化して身につけていく時期は、小学生低学年から中学生にかけてです。こうした時期に演劇の仕組みや手法を取り入れた体験や経験は大変有効なことでしょう。

このような教育的体験を実感した人たちである市民が、文化や芸術に触れる生活環境を創っていくことにより、優れた文明は築かれていくのです。そのために市民が舞台芸術という公共財を活用していく視点が大切なのです。これは市場社会における利益の追求だけでなく、公共的な視点が必要とされるビジネス社会にもつながっていきます。

米国の国家政策として、「バランス・オブ・パワー」という政策手法があります。軍隊というパワーと文化的ソフトパワーを同時に使い分けていく手法です。文明間の衝突を解決していく一つの可能性としてはソフトパワーを応用していくことがあります。

平和な国家を維持していくためには、異なった国家間の文化的価値をお互いに認め合っていくことが求められます。文化的多様性が重視されるのです。ここに、芸術文化のあり方が問われています。文化芸術の熟成には、時間がかかるからです。この点、日本においては、管轄省庁である文化庁は1968年設立ですから欧米に比べて歴史が浅く、一刻も早く制度的な欠陥を是正していく必要があるように思います。

このように、演劇と市民はつながっています。ボウモルとボウエンの舞台芸術と経済学的視点についての理論から学べば、文化政策には長い時間と費用のストックが大切であり、そのメカニズムを理解しなければなりません。舞台芸術は市民や国民を育てますが、そのためには民間だけでなく、国家的な政策思考が求められるのです。

日本の演劇は西欧のようにステートづくりを目指した成り立ちではありません。幕府や政府が必要としたものでなく、大衆に支えられた娯楽性が高いものです。「演劇は市民を育てるか」と問われたら、「市民が演劇を育てる」と答えざるをえないように、日本の現状は西欧に比べて歪みをもたらしています。

こうした日本特有の背景からアニメやゲームの文化が、大衆に支えられ支持されていることがわかります。娯楽として支えられていることから、そこには市場性の強い利潤追求の目的があります。そのために、お金になるための演劇指向が強く、作品だけが一人歩きしてしまうのです。

もう一度確認すれば、演劇という舞台芸術の特性は、「市場性」「芸術性」「公共性（社会性・教育性）」の3つの特性があり、「公共性」の視点が日本の演劇においては抜け落ちています。ここをしっかりと確認してください。とても重要なことなのです。

日本が健康的な演劇文化を醸成していくためには、しっかりとした公共政策が求められます。公共的な俳優育成機関の設立や公的な劇場をマネジメントしていくプロフェッショナルな人材の育成が必要になっています。そのためには、２０１７年に改正された芸術文化基本法のさらなる現状に即した振興と予算配分が求められているのが現状です。

第2幕では、舞台芸術のなかでも総合芸術である演劇の持つ公共性の可能性に焦点をあてて、教育的な視点から演劇の活用について展開してきました。

演劇自体は舞台芸術ですから、ただ演じることだけでなく、歌やダンスなどの要素も取り入れた総合芸術としてとらえる必要があります。演劇は人間による創造活動につながるものですから、ＡＩの時代にも生き残ることのできる有効な手段であることは間違いありません。こうした知識をベースにビジネス社会において、企業のＣＳＲの展開に十分に役立てていただけることを願っています。

第3幕

演じることは人を動かす

コンテクストとは何か？

あなたに気づいて欲しいことがあります。すでに簡単にふれたコンテクストという言葉についてです。英語では「CONTEXT」と書くのですが、文脈とか状況という意味です。演劇の世界では大変重要な用語ですが、すべての**俳優の演技力はコンテクストを理解し身につけているかどうかにある**、と断言していいと思います。

「企業社会」でも人とのコミュニケーションは毎日行われています。演劇の場合は、俳優に求められることはいうまでもなく、与えられた役割を演じることです。

与えられた役を演じるためには、十分に対象となる人やモノについて観察する能力が求められるのですが、演じるためにはその場面や状況を正確に観察して把握しなければなりません。あなたの職場や学校などでも、役割分担として演じる場面があることでしょう。

よく「空気が読めない」といわれますが、その人が場の状況が読めていないときに使われます。ダイコン役者とは、下手な演技の役者のことをいいます。これはセリフがうまくいえる以前の問題で、場面や状況を理解していなければ、そこで発声される言葉は空気の読めない会話として違和感を与えてしまうだけでなく、信用を失い、会話が成立しません。演劇では俳優を目指す人たちにとって、コンテクストがわからないと致命的なのです。

ここで、私たちの日常生活に置き換えてみることにしましょう。

思い浮かべて欲しいのですが、誰かと話をしているときに、場面や状況の読めない会話をしていることはありませんか。あなた自身が、理不尽な体験をされたことがありませんか。

こうした場面は人々が一方的に自分に都合の良いように考えていて、相手の立場を尊重しないことから、置かれた状況を理解していない場合がほとんどです。モラハラやパワハラなどは、その代表的な事例でしょう。逆にあなたがコンテクストを理解して行動すれば、日常生活でも人間関係がスムーズにいくことが可能になるともいえます。

すばらしい俳優の演技は、コンテクストを理解している場合に出逢うことができるのですが、残念ながらコンテクストの言葉を知っていても、コンテクストを活かせる俳優はそれほどいないのではないかと思います。

なぜなら、**コンテクストを理解するためには、知識や人間性が同時に求められる**からです。知識はいつでも学習していく姿勢がないと身につきません。すばらしい俳優とは、美貌や演技力だけでなく、その人間性が問われています。

情報通信機器が発達してからメディアという言葉の露出が増えました。メディアという言葉には、人や社会に役に立つという意味が込められていますが、デジタライゼーションの時代を迎えて、俳優もメディアとしてネット世界のなかに残る存在や真の価値が問われるといえるでしょう。これはビジネスの世界においても同じように考えていく必要があるのではないでしょうか。

ところで、芸能界のなかで、俳優やタレントが金銭的に成功したように思われても、最近、多くの不祥事件が社会問題となる事例を目にするようになりました。こうした事例はインターネットの世界で永久に残ってしまいます。そのため放送や出版などの一次利用、二次利用の商品は再撮影や再編集に追い込まれ、制作サイドに損害を与えてしまいます。こうした事件を引き起こす人たちは、コンテクストを知らない人たちか、知っていても事件が起きるまでは気がつかない人たちなのでしょう。

これはメディアのなかで活躍する人間としては失格です。俳優の場合は、復活することができないほど致命的なことです。演技力が問われる俳優でなくとも、人間性を高めていくためにコンテクストを理解して活用していくことが大切です。

メールによるコミュニケーションに注意

私たちは人間関係の場面や状況が読めなくて、どれだけ混乱した日常生活を過ごしていることでしょうか。学校や会社でのイジメ問題、福祉施設や公的機関における不手際など、言葉の暴力も目立つように思います。

また、メールの多様化は直接の人間相手のコミュニケーションに欠けています。メールはあくまでツールでしかありません。メールだけで仕事をしていると、仕事のトラブルに見舞われるだけでなく、人間関係の喪失につながることもあるので特に注意が必要です。

ところで、「人と人とのコミュニケーション」は、言葉や文字のない頃から「身振り手振りのコミュニケーション」が基本でした。文字は後から必要性があって考案されたもので、文字は最後の手段として使用するものです。メールだけでコミュニケーションを取っていると、場面や状況判断が一方通行になってしまい、思わぬ状況に引き込まれる場合があります。コンテクストを理解して、正常な人間関係を築いていけるようにしたいものです。

「文化」「文明」を築いてきた人間の手

次に、人間の手についてお話しましょう。人間の手はある状況に対して、敏感に反応します。欧米人のリアクションが大きいのは、民族的な歴史に影響されているからです。

普段はあまり気づかないのですが、人間の手首はとてもよくできています。ＡＩやロボットが汎用化されるデジタライゼーションを迎えて、人間社会の仕事は大きく変化しようとしています。

たとえば、手話は手首を使って言葉や文字を使わなくても、人間同士でコミュニケーションを取ることができます。しかし、ロボットには人間の手に変わる機能がいまのところまだありません。人間社会は両手を使って生活のためにモノをつくり、モノをさらに工夫していく仕組みを歴史的につくってきました。

ところが、手の使い方によっては、衣類や農耕道具をつくったり、家を建てたりするまではよかったのですが、手を使うことで鉄などの硬いものを発明すると、生活のための道具としてだけでなく、防御することから攻撃のための道具づくりへと変化してきました。そうして科学技術の発達とともに、地球上の人間の富と権力の勢力図は、手を使うことによって大きく変わっていったのです。

地理的な歴史では、もともと西洋と東洋では、東洋の方が豊かな資源に恵まれていました。産業革命以降は人間の手の力により、それが逆転しました。産業革命は知られているように、鉄鉱石を使用する製鉄と石炭を燃料とする蒸気機関がジェームズ・ワットの発明（1776年）によって起こりました。

その後、蒸気船と蒸気機関車が実用化されて輸送の機械化が進んでいくと、綿糸の生産量が機械化によって飛躍的に伸びました。綿糸の原料の綿花は、インドが生産地であったことから三角貿易と呼ばれる経済構造ができたのです。それがイギリスによる東インド会社設立となるのですが、ここでの話は歴史の案内ではなくて、人間が手によって歴史を変えてきたということがポイントです。

「エコノミーの心」を大切にする

こうして18世紀以降には、西洋と東洋の豊かさは技術の発達によって逆転したのでした。技術だけでなく遠方の国まで行ってフィフティ・フィフティの関係でなく、植民地主義のように、モノの形を変えて利益を獲得してきたことは、議論の余地があるところです。

というのも、東インド会社には軍隊があったからです。アダム・スミスの哲学では同感や共感の心理について述べましたが、イギリスが独立前のアメリカと戦争をしていたときに、スミスはイギリスが他国の地で争いモノを奪って利益を得ること（重商主義）に警笛を鳴らしていました。

アダム・スミスはいまでいう経済担当であり、思想家・哲学者だったのです。18世紀の英国社会は、アダム・スミスの思想に大きく影響されたと伝えられています。「見えざる手」はアダム・スミスの言葉ですが、人間社会に芸術や演劇の必要性を説いていた姿勢には感動するものがあります。そして、「見えざる手」といっているように、解釈の違いによっては人間の手は何をしでかすのかわかりません。

人間の手が製造したＡＩやロボットの汎用化がスピードアップすれば、軍事力も高度なシステムで組織化されていく恐れもあります。産業革命の頃とは比較にならない危険性も秘めています。

デジタル化されたミサイルは戦闘機のパイロットから発射されますが、デジタライゼーション世界では、無人の軍隊が人の操作によって戦闘が行われるはずです。戦闘方法もＡＩが効率のいい戦い方を教えてくれます。そんなことが起こらないように、人間の手が制御していかなくてはなりません。

演劇は人間によって考えられた芸術ですが、同時に市場性と公共性の特性を持っていることはここまでも伝えてきました。アダム・スミスが提唱したように、市場社会のなかでも私たちが不幸にならないように、演劇を活用していくことに価値があります。

演劇は市場性の強い俳優やタレントたちだけが行うものではありません。コンテクストを理解して正常な人間関係を築いていく必要性について述べましたが、それだけでなく、一人ひとりの人間関係を築いていくことが重要なのです。すなわち、公共性を活用していくことが大切なのです。

ロボット社会になっても、手仕事による仕事はなくならないと思われます。市場社会での利潤追求のためだけに人間の創造的な手を使うのでなく、エコノミーの心を共有できる社会のために手を上手く使っていくことが、価値ある行動です。困っている人を助けてあげるときの手、大切な人に食事をつくるときの手のように、分かち合いの心を持ったエコノミー世界を理解する人たちの手には優しさがあって、本当の意味で未来に向かって問題解決ができる能力を持っているのです。

あなたも手の使い方を工夫してみませんか。

たとえば、毎日の挨拶のなかで手を使う挨拶をしたり、仲間の方の背中を押してあげることは、未来につながるとても有効な行動だと思います。

市場社会の失われつつある創造力

駅のホームや電車内で、多くの人たちがスマートフォンを一斉に操作している光景を見かけますが、異様だと思いませんか。

人間の器用な手を使って操作しているのですが、よく考えてみるとスマートフォンやパソコンの操作は入力作業だけであり、創造的とは思えません。市場社会のなかで、一部の人たちが開発した機器を庶民に使わせて利益を追いかけている構図です。スマートフォンの機器自体は便利なツールであっても、操作をする労力は大変なエネルギーが奪われ、操作する人にとっては、ほとんどタダ働きに近いのではないでしょうか。メールの送受信やチェックはできても、操作にかけたエネルギーはどれだけの成果になるのでしょうか。

人間の手をそれだけに使っているのは、もったいないことです。少し発展した考え方かもしれませんが、人間の歴史が生活のために手を使ってモノをつくり、発達させたプロセスと比較すると残念な使い方です。スマートフォンを操作している場面は、操作に夢中になっている様子だけ見ていると、当事者が不自然な状況にあることを理解していないのだと思います。というのも、操作している人は演じていないからです。電車のなかで歩きながら、会議中にもスマートフォンを操作している自分は、どのように見えるのかを想像してみたらどうでしょう。

ここでの演じるとは、あなたが俳優でなくても日常生活における場合を想定しています。そこで演劇の持つ公共性の特性を実社会で生かしていくために、演じることの状況把握について考えてみましょう。

新しいモノを生み出す演劇的手法

演じるためにはコンテクストが大切なことを述べてきました。

社会に出ると自分を最小限の存在にして仕事に取り組む機会が多くありますが、大企業の経営者であっても本物の経営者は、従業員たちに対して気を使うはずです。「気が使える」ということは、「気づく」という意味と同じです。会社員も役職の上下関係に気を配り、相手を不機嫌にしないようにしていく行動を取ります。誰でも自分だけは、上手くやりたいと思っているからです。

市場社会は競争社会であり、利益を得るために仕事をしていくので、人間の本質と異なる環境に置かれると、人間自体の心が壊れてしまいます。人として想定外の状況を受け入れられる人たちと、そうでない人たちが存在してしまうのが市場社会の落とし穴です。アダム・スミスはそういった状況を２６０年も前に予測したわけです。

アダム・スミスは人間が持つ共感や同感の特性を活かして社会をコントロールしていく可能性を提唱したのですが、現代の市場社会では利益を得る目的が優先されています。アダム・スミスのいう特性が機能できず、弱い立場の人たちが行き場を失っていくことになっています。

しかもその差は、デジタライゼーションを迎えて、裕福層との格差が広がるばかりです。先のスマートフォンの操作に夢中になっている人たちは、一方でデジタライゼーションを加速させている一握りの世界企業のために働かされていると考えることもできます。世界中のわずか30人たらずの年間所得の合計と38億人の貧困層の年間所得の合計が同じである、という驚くべき調査報告もあります。

職場の状況を把握して演じていくことは、職場の利益を上げていくことだけが目的ではありません。少しむずかしいかもしれませんが、演じる場面の状況をつかむことによって、職場の雰囲気や環境を変えていくことができる可能性があるのです。

なぜなら**演じるという演劇的手法は、「何かを新たにつくること」**だからです。演じている場面だけで見るのでなくて、継続して演じていく姿勢が目的の達成のための創造的な活動になっていくのです。

演劇という舞台芸術は、そもそも国づくりを意識して誕生しましたが、同時に市民の生活に安らぎを与えることも目的とされているためです。コルチャック先生で紹介したゲットーの孤児院のなかで、子どもたちが演劇をしていたことを思い出してください。

ひきこもりが増えている職場に、もし、フーテンの寅さんのような人が現れて、寅さんが演じることによって従業員の意識を改革していけたとしたら、どのように職場が変化していくでしょうか。あなたも想像してみると楽しいと思いませんか。

「文化」がテーマとなる日本の未来

ここで本書のなかでも重要なテーマについて進めていきます。

これからの日本が、どのように変化していくと思いますか。

振り返ればこの半世紀は、日本近代史の転換期であったといえるかもしれません。高度経済成長期はGDP（国内総生産）の拡大を目指した産業構造であって、物量を追いかけた時代であったように思います。1990年からの30年間で、世界はグローバリゼーションの下に大きく進展しました。この間にインターネットやSNSの出現だけでなく、地政学的な国際政治経済の状況が変化しています。世界はさらにハイパーなグローバル化に向かっていくのではないでしょうか。

日本のこれからは、失われた30年を追いかけていく国家体制には合わないように思います。一定の経済成長はもちろん必要ですが、政府の目指している年2％の成長率を上回ることはむずかしいと思われるからです。これから迎えるハイパーグローバリゼーションを背景として、未知のデジタライゼーションの時代には、物量よりも情報の質を求めた社会に向かっていくのではないでしょうか。

コロナの影響で2021年に東京オリンピック・パラリンピックが延期されましたが、それまでは訪日の海外旅行者数が急上昇してインバウンド効果が、ところどころで確認されていました。高度経済成長期から1980年の初めの頃、日本人がかたまって欧米に旅行したときには、日本人はカメラを首にかけてガイドが旗を持って観光旅行している、異様な集団だと揶揄されていました。

しかし、最近は逆に、インバウンド効果をもたらしている、来日する外国人がそうした様相になっているように思います。ここからいえることは、GDPは頭打ちだけれども、失われた30年近くの間に日本の国のイメージが向上して、日本の良さが海外に知れ渡っていったのです。1995年に起こった阪神大震災をきっかけにNPO法人が拡散していき、ボランティアという共通の哲学が日本人の公徳心を現わし、その後も日本人の助け合う心が東北や熊本震災で確認されました。

こうした日本的な心のあり方が世界中から同調されて、日本への興味が拡大していったのではないでしょうか。これは「文化の輸出」です。ゲットーのなかでコルチャック先生の目指した子どもたちへの教育は、「日本人の心のなかにあるもの」と共通したものであることを想像することができます。

これからの日本は経済の成長だけでなく、長い年月の間に蓄積されてきた文化の熟成が大切な資源になっていくことでしょう。こうして考えてみると、会社員、公務員、自由業、学生、主婦、フリーターなどさまざまな職業がありますが、どんな職業であれ、市場社会でこれから生きていくキーワードは文化ではないでしょうか。文化には教育や社会のテーマが含まれています。日本がこれから向かう先には、福祉や教育が充実している北欧スタイルの社会が参考になるように思います。

面影を感じる体験から

前置きが長くなりましたが、市場社会に出て、苦しいときや辛い場面に出会ったときに、どう判断し、行動したらいいのかについて考えてみましょう。

どんな人も人の子です。両親があってこの世に誕生しています。もし、あなたが苦しいときや辛いときに悩んでいるとしたらどうすると思いますか。

たとえば、仕事のミスやトラブルに見舞われて、夜の公園のベンチの片隅で悩んでいるとしましょう。上空にドローンが飛んでいて、そこからあなたの様子をカメラで撮影しているとして、その映像をあなたの両親が観ているとしたらどう思うでしょうか。

どんな親でも自分の子どもが悩んだり、苦しんだりしていることは心配が募り、そういう光景をみたいとは思いません。子どもが成長するための苦しみならともかく、つまらないことで悩むことはやめさせたいものです。こんなときには、「市場社会」と「エコノミー社会」との違いと文化という言葉を思い出してください。これらの言葉がキーワードになります。そしてあなたが公園で座っているベンチの周りの草花を見てください。

まわりにある花は、一生懸命に咲いていています。見上げるとぼんやりと雲にかかったお月さまが見えませんか。草花やお月さまを見ていて大切な人のことや思い出が浮かんできませんか。その映像はぼんやりとしていて、はっきりと見えないものです。

しかし、もしこのシーンで何かぼんやりとした自分を勇気づけるような何かが見えたとしたら、それが面影なのです。苦しいとき、辛いときに過去の思い出を振り返ってみてください。子どもの頃の思い出や家族との楽しかったシーンが蘇ってきませんか。大切な人たちが現在も身近にいて、いつも応援している人たちが必ずいるはずです。こうしたシーンはドラマ仕立てになっていて、このドラマの主役はもちろんあなたです。面影を身近かに体験して勇気づけられたあなたは、ひと回り大きな人間になっているはずです。正直な人間は苦境を経験して成長していくものです。

「つまずき」から学ぶこと

2020年4月28日公表の日本の労働力調査（総務省統計局）では、就業者数は6700万人で完全失業者数は、176万人でした。日本の15歳以上の労働力人口は6876万人で全人口の約55％ということになります。また、生産労働力人口は15歳以上から65歳未満なので、さらに低い数字になります。

今後、高齢化と若者層の労働力減少から2030年には、さらに1000万人近くの労働力人口が減少すると予測されています。日本の労働力人口の減少とAIやロボットの汎用化によって職場のあり方が、大きく変化していくことでしょう。

読者のみなさんは小学生の頃から学校教育で一生懸命に勉強に励んできたことと思います。中学や高校受験のために夜遅くまで、日曜日には塾にも通ったのではないでしょうか。両親たちもあなたを応援して高額な月謝を支払い、より高い偏差値の学校に合格することを目指したことでしょう。そうして大学への苦しい受験も経験されたことと思います。

また、社会に出るための就職活動ではスムーズに企業へ就職が決まった人たちと、なかなか希望の企業に就職の内定が取れなかった人たちなどさまざまでしょう。しかし、どんな人も会社勤めをするなかで、「このままでいいのか」と不安を持たれたことがあるはずです。

ここでイメージして欲しいのですが、20歳代までの自分の人生ストーリーを映画化にしてみるとしたらどうなると思いますか。たくさんの観客に感動を与えるヒット作品になりそうですか。それとも台本を修正したくなるでしょうか。いうまでもありませんが、映画に出てくる主人公が子どもの頃から優秀な人物として育ち、社会に出てからも成功続きの物語ではおもしろくなく、感動もないでしょう。

映画作品としてはヒットどころか、おそらく多くの作品のなかで埋もれてしまうかもしれません。感動を与える物語には、必ずドラマの法則があります。まず、主人公がスーパーマンでなくどこか頼りないけれど、人に優しく経済的に豊かでない、いつも失敗ばかりしてクヨクヨしている。しかし、諦めることなく頑張る姿勢を持っているような人物です。これは読者のみなさんのことではないでしょうか。

子どもたちに大切な「知力を高める学習」

デジタライゼーションの時代には、ＡＩやＩｏＴの進化により人間の仕事は大きく変化します。計算能力では、もはやＡＩには敵わないのです。これからの学校教育では受験のための勉強法を早急に見直していく必要があります。子どもたちには、言葉の意味を理解するための知力を高める学習が必要です。また、同時にリアルな体験をして目の前の問題を解決していく経験を身につける訓練も求められます。

いわゆる協働と呼ばれるものも大切です。さらに、分かち合う心を持った哲学が必要になります。こうした子どもたちに求められる教育方法は、現在のビジネスパーソンたちにも必要なものです。なぜなら、世代によるものでしょうが、現在の社会人はデジタライゼーション時代に対応できる教育をきちんと受けてきていないからです。

１９７０年代あたりからのグローバリゼーションの進展から２０２０年代のデジタライゼーションの到来まで社会は、急速に進化しています。こうした背景から先のひきこもりの増加傾向が現れていることが推定されます。

現状のままでは残念ながら、これからもさらにひきこもりは増えていきます。デジタライゼーション社会では、毎日の仕事に適応できない人たちが社会から取り残されてしまうからです。

デジタル社会に対応していくためには、じつはアナログ的な発想が大切なのです。目の前にあるリアルな問題を解決していくためには、分かち合う心を持った優しい人間が必要なのです。アナログ的な心を活かして、つまづいても、できないことができるようになることが大切なのです。

「できないこと」が「できるようになる」

デジタライゼーションは、技術が進化した市場社会の現状です。いまはビジネスパーソンとして市場社会に立っているのです。アダム・スミスが260年も前に予測したように、市場社会では人間にとって不測の事態が起こります。アダム・スミスもデジタライゼーションまでは予測していなかったと思います。スミスがいったように、弱い立場にある人たちの救済が必要です。弱い立場の人たちは、「つまずいた人たち」であるかもしれません。

しかし、ここの「つまずく」ということは人間の本質として、とても大切なことです。「つまずく」、あるいは「失敗する」ことによって多くの場合、学び、生きていく方法を習得していくからです。幼児期に転んだり、遊びを通して仲間と分かち合ったりして、自分の行動可能な範囲を学習してきたはずです。欲しいものが自由に手に入れられないことも学んだはずです。でも、これは家庭内経済の範囲での経験にすぎません。

ドラマチックな展開を想像してみる

あなたは中学や高校生時代の楽しかった淡い思い出が、面影のように心のなかに残っているのではないですか。そうした思い出は、どこかで知らず知らずのうちに心の支えになっていることがあります。仲間たちはもちろんのこと、やがて誰でも社会に出て、働かなければなりません。

エコノミーという家庭内経済環境での思い出が楽しかったとしても、マネーが優先する市場社会という環境では、現実というリアリティ空間に変化していきます。市場社会では人間の許容範囲を超えた諸問題が発生します。それは「命令」「指示」「数値」が優先の歪んだ仕事場のルールに影響されるからです。そして市場社会でのつまずきや失敗は、ビジネスパーソンにとっては致命傷となって離職につながり、これがひきこもりの要因にもなっています。

しかし、ビジネスパーソンにとってもつまずくことはあるし、むしろつまずくことによって成長していくという視点が大切だと思います。大切な指標は、「あなたが一生かけて同じ会社で働くかどうか」ではなくて、「あなたが一生かけて働く仕事の価値があるかどうか」という本質を見抜くことだと思います。

そのためにはピュアな心であるべきです。そして市場社会でのつまずきを乗り越えていく力も持たなくてはなりません。できないことが、できるようになっていくことが演劇の世界の魅力でもあります。つまずきを乗り越えていくためには、ドラマチックな展開を創造していくことが大切であり、本書の狙いはそこにあります。

映画やドラマのようなハッピーエンドにならなくても、困難なつまずきや失敗を解決していく方法はあります。それはシナリオ、すなわち台本を描いて分析して目の前にある問題を解決していく考え方です。そのために一般の企業で使用できる実践的な経営ツールがあります。ビジネスパーソンにも役立つすばらしい経営ツールなのですが、それが「バランス・スコア・カード（ＢＳＣ）」です。

バランス・スコア・カードとは？

「バランス・スコア・カード」は台本を創るのと同じように、問題を解決していくための経営手法です。この「バランス・スコア・カード」に演劇的な視点も取り入れた本書独特のアイデアを紹介したいと思います。真剣に問題解決を望むのでしたら役立つツールです。

ハーバード大学のロバート・S・キャプラン教授と企業経営者であるデビット・ノートンが１９９２年に『ハーバードビジネスレビュー』誌上で発表した業績評価システムに、「バランス・スコア・カード（Blanced Score Cards）」があります。カードとは、トランプのカードのようなもので、４つの視点から分析して達成度を測る経営ツールです。

４つの視点とは、

①顧客の視点
②財務の視点
③内部ビジネスプロセスの視点
④創造と学習の視点

です。

「バランス・スコア・カード」記入事例

〈ビジョン〉芸術性・創造性の高い作品づくりに取り組む・ケーススタディ

	顧客の視点	財務の視点
戦略目標	・エンターテインメント性を高める	・創造的活動のための利益確保
CSF （重要成功要因）	・対象顧客別のコンテンツづくり ・すべての地域での実施が可能 ・適正な料金設定	・キャッシュフロー計画内での制作活動
業業指標 業績目標	・社会的に評価されること ・メディアに掲げられること ・海外公演を行うこと	・委託公演利益率××％以上 ・プロデュース公演利益率××％以上 ・営業利益××万円以上
アクションプラン	・メディアと効率よくつき合う ・CSRに取り組む	・移動交通費の抑制 ・仕込み費の抑制

	内部ビジネスプロセスの視点	創造性と学習の視点
戦略目標	・制作活動態勢の形成（インフラの整備）	・マスメディア業界をマスターする ・顧客の志向を研究分析し、可能な技術を習得する
CSF （重要成功要因）	・広範囲な制作活動を行う ・公演回数を増やす ・人材の発掘	・コンテンツづくりのテーマが明確であり、教育的テーマも取り組むこと
業業指標 業績目標	・委託公演数××以上 ・プロデュース公演××以上	・「年２作」の新作を創造する
アクションプラン	・公共事業への参加 ・商業的プロデュースの実施	・マーケティングを分析する ・制作営業活動を重視する ・プロデューサーの育成

多くの企業のビジネスパーソンは社員研修などで、「バランス・スコア・カード」の手法を叩き込まれていることと思います。日本の企業ではキヤノンがこの手法を取り入れて、透明度の高い企業として表彰されました。

また、三重県では公共病院の赤字削減のために「バランス・スコア・カード」を採用後に、成果を発揮しています。ここで重要なのが4つ目の「創造と学習の視点」です。意外と思われるかもしれませんが、演劇をする劇団というカンパニーの経営にも十分に活用されている経営ツールなのです。

創造と学習の視点

創造と学習の視点とは、創造的な仕事の達成を目指していくなかで、目標を達成する過程で、ときには失敗も許されるという器の大きい視点です。失敗しても、つまずいてもその原因を追求して、次にトライすることが大切であるという視点です。

とても人間的だと思いませんか。これは科学者などの研究の取り組みやラーメン屋さんがスープを開発していくことなどと、共通しています。多くの企業では顧客の視点と財務の視点の2つについて、特に重視していることと思います。具体的には、お客さんとお金がなければ、ビジネスは成り立ちません。

しかし、企業が持続可能な経営を維持していくためには、未来に向けた創造的な視点がなければ、企業の存続はむずかしいことでしょう。つまずいても創造を繰り返して、そこで得られた学習成果を次のチャレンジに活かしていけばいいのです。これが創造と学習の視点です。

「バランス・スコア・カード」は、4つの視点から問題を解決して目標を達成する指標を定めて、数値化して達成度を図っていく特徴があります。達成度はいきなり100％でなくても、30％とか50％の達成度でも進捗があったものとみて、できなかった部分の原因がどこにあったのかを次回の取り組み指標に入れていけばいいのです。そして次の取り組みで達成度をあげていくことの繰り返しを試みながら、目標に近づけていくのです。重要なポイントは、達成するための重要な要因を明確に提示することです。

ただし、気をつけなければいけないことは、「バランス・スコア・カード」を理解しない非協力的なリーダーがチームに混じっている場合は、失敗する要因になることも知っておくといいでしょう。内部ビジネスプロセスの視点とは、仕事の進め方において、社内やプロジェクトチームなどの内部の進め方の過程をチェックし、考察していく視点のことです。

サッカーにたとえれば、ゴールを目指してドリブルやパスやシュートを繰り返して戦い、何得点を目指し、誰がキーパーソンになるかをあらかじめ戦略に取り入れる方法論に相当します。

一つのプロジェクトの案件について、こうした4つの視点を横軸として、縦軸にはプロジェクトにおける組織の要素を表記し、このシートのなかに目標を達成するための条件や指標を明確に設定し、数値化し、それが達成できるための重要なキーワードやキーパーソンなどを書き込んでいきます。

シートを基に実行した後に成果を分析して、できなかった部分の原因を洗い出し、2回目の実行のために新たなシートを再作成し、実行していきます。何度も実行していくなかで達成率を上げていきます。

同時に、達成できない原因が判明してくるので、組織の効率性についても問われます。組織のあり方についても、再度、議論されるきっかけにもなります。注意しなければならないのは、初めから壮大な目標設定をしないことです。最初はわかりやすく達成しやすい設定をしていき、次第にビジネス達成度の高い案件に取り組んでいくことがポイントです。これが「バランス・スコア・カード」なのです。

もう一つの経営ツールを確認しましょう。

ご存じのように「PDCAサイクル」です。「PLAN・DO・CHECK・ACTION」です。いうまでもありませんが、計画して、実行して、チェックして、再実行することを繰り返して、目標に近づいていくというツールです。

しかし、一般社会では「PDCAサイクル」を知っていてもなかなか実行されることは少ないものです。理由は人間にはサボリ癖があるからなのです。経営ツールを知っていてもサボって実行していかなければ、何もよくならないためです。ビジネスパーソンがつまずいたときに、軌道修正をして成長するために「バランス・スコア・カード」と「PDCAサイクル」の説明をしましたが、これは何も仕事や生活でつまずいたときばかりではなく、立ち直るための手法として、このツールが使えます。

仕事や生活でつまずいたときに、「バランス・スコア・カード」のようにシートを作成して、あなたが伝えたいこと、やりたいこと、そのために何が必要かについて書き込んでみてください。4つの視点からみて、あなたの願いを達成するためにはどうしたらいいのか、というシナリオを描いてみることです。きっと繰り返しの作業をしていくことで、視界が少しずつ開けてきて、明るくなってくるのではないでしょうか。

目標を達成するツール

「バランス・スコア・カード」は、4つの視点から目的を達成していくツールですが、人生のつまずきもまた、同じように解決していける手法だと思います。あなたが仕事上で大きな課題にぶつかったときや人間関係に悩んでいる場合など、それが嫌いな上司や理不尽な仕打ちをされた場合であっても、BSCの視点を忘れずに解決の道を進んでください。

ひとりでの仕事であっても、ふたり以上の人が関わる仕事であっても、多くの仕事は利害関係のある人間同士によって行われるものです。演劇を使ったドラマや映画づくりは、ほとんど見知らぬ人たち同士の集まりからスタートします。

好きな人も嫌いな人もいるでしょう。しかし、そこには共通の台本があって共通の作品づくりに関係者全員が没頭していくのです。これは企業であっても同じことだと思います。「会社社会」では、社内の上下関係や取引先の上下関係があることと思います。大事なことは、「プロジェクトをどうしたら成功させられるか」という共通の目的意識の視点で考えることです。これは企業も演劇の世界も同じことなのです。

あなたが仕事上で否定された場合に、どのような行動を取りますか。

演劇の世界では、撮影や舞台で出演者が上手く演じられない場合には、俳優の演技だけでなくてテクニカルスタッフにもダメ出しという作業があります。否定されたところやできないところを何度もやり直しさせるのです。舞台の場合には生ですから、毎回、劇場の幕が開くまでダメ出しをして直さなければならない部分を直していきます。

ドラマや映画の場合も、撮影の合間に何度も打ち合わせをしてリテイク（再撮影）を何度も繰り返します。ビジネスにおいても、同じようなことがされていると思います。演劇の世界では、ディレクター（演出家）やプロデューサーという人たちが作品のつくり方や予算の管理をしていきます。ここであなたがディレクターであったとしたら、任されたプロジェクトに対してどのような行動を取るでしょうか。

「信頼関係を築くこと」からはじまる

市場社会における企業の世界では、成功の基準は数値がすべてを語るのだと思います。演劇の世界でも、もちろんですが、視聴率や観客動員数が成功の基準になるのですが、それだけでなくて、作品の質が問われるのです。

企業も商品などの質が問われるのでしょうが、ここでの作品と商品の違いは人とモノの違いです。演劇の世界での商品は、ほとんどが直接的に人間にかかわる仕事で成り立っています。そのため商品が良いものになるために、徹底してダメ直しをしていくわけです。企業の場合にも商品に関わる人たちにダメ出しの指示をしていくわけですが、商品を完成させるプロセスも同じだと思います。

重要なことはどうしたら人を動かせるのかということで、これは「バランス・スコア・カード」においては4つの視点から目標を達成していくプロセスと同じです。ここで人を動かす力が問われてきます。

あなたがディレクターだとしたら、一番良い方法は相手を納得させることです。そのためにコンテクストや手を使って演劇的な手法を取り入れて信頼関係を築き、「バランス・スコア・カード」や「ＰＤＣＡプラン」を組み立てつつ関係者たちが納得する演出をしていくことです。最終的にはあなたの人間性がもっとも説得力があります。

第1幕で語ったことを思い出してみてください。人間性とは「その人の人生そのものから現れる性質」だからです。私たちがいい映画、いい舞台、いい音楽を鑑賞して感動するのは、その内容に共感して自身もその内容にある人物やストーリーに出逢いたいからです。いい作品に出逢って、毎日の生活が健康的な学習の場となることは、人間性を豊かに創造していくことにつながります。

市場社会に幸せはあるか

市場社会が大きく変化していくなかで、これからのビジネスに取り組む過程で私たちができる仕事の内容は、大幅に変わっていくことでしょう。私たちは太古の時代から便利さや豊かさを求めてきました。言葉や文字は「貯蓄をする」という行動とともに、貯蓄を守り増やしていくことから誕生しました。

技術の発達も「人間社会の豊かさ」を求めてきた過程で進化したものです。それから長い年月を経て、シンギュラリティについて議論される今日にあって、果たしてこのままハイパーな社会変化の下で、本当に人間社会に幸せをもたらすことができるのでしょうか。

インターネットのプラットホーム事業によるさまざまなサービス、ＡＩとロボットによる新しいビジネス展開により、確かに効率的な収益を確保することができることでしょう。とはいえ、その利益という富は、いったいどこに、そして、誰にいくものなのでしょうか。経済誌フォーブスの長者番付やスイスのクレディ・スイスの資産動向データをもとにした調査によれば、世界の長者番付26人が所有する総資産と地球の人口の半分にあたる下位層の38億人の総資産とほぼ同じだという報告書が発表されています（国際ＮＧＯ「オックスファム」２０１９年）。

世界のわずか１％の超裕福層は、世界で1年間で生み出される富の80％以上を独占しています。

また、「世界のトップ10企業の収益」の合計は、下位１８０カ国の収益を超えるとしています。読者のみなさんのいる企業は、いったいどれだけ儲かって、どれだけのストックの配分があるのでしょうか。いずれ車が無人で空を飛んだり、家庭でもロボットによるフルサービスが行われて、テレワーク化が進み、人間は何もしないで過ごせる日が訪れるかもしれません。

果たしてそれは、本当に人間にとって楽しい毎日となるのでしょうか。どう思いますか。

「ユートピア」か「デストピア」か

イギリスの思想家トマス・モアが出版した『ユートピア』（１５１６年）は、現実社会への警笛としての理想郷として、たとえに引き出されます。ただしこの意味は、非現実的な管理社会の意味合いが強く、人間が本来求めている本当の意味での理想的社会のことではありません。トマス・モアのユートピア（Utopia）は、いまから５００年以上も前の思想であり、アダム・スミスが誕生する２００年以上も前のことでした。

アダム・スミスはもちろん「ユートピア」を認識して、『道徳感情論』と『国富論』を著述しているはずですから、アダム・スミスがいう「見えざる手」による市場社会の行方は、スミスの考えたようにはならずに、そのまま現代につながっています。

ユートピアに対してデストピア（Dystopia）という概念があります。やはり英国の作家であるジョージ・オーウェル（１９０３～１９５０年）の『１９８４年』（１９４９年刊行）では、デストピアの世界が描かれています。日本では遅れて１９７２年に刊行されました。

デストピアの世界は、ＳＦ的な監視管理社会の究極が描かれています。便利な生活ツールの出現や効率的なビジネス手法は、確かに豊かな未来を予測させるものです。しかし一方で、人間にとって忘れてはならない健全な生活のスタイルもまた存在します。

これから向かうデジタライゼーション時代の先にある世界は、もしかしたらデストピア社会と共通している可能性も否定できません。賢明な人たちだったら、これから先に訪れる社会を乗り越えて生きていくために何が必要か見えてくることでしょう。

2019年公開のジャック・オーディアル監督の映画『ゴールデン・リバー（原題はSisters Brothers）』は異色の作品でした。シスターズ兄弟は助け合いながらも人殺しでお金を稼いで生活し、砂金探しという富を求めて旅するのですが、最後は母親の待つ家に戻り、母のつくってくれる食事や入浴に幸せを感じて、子どもの頃、体を休めたベッドで本当の安らぎと喜びに気づくという物語です。これは富を市場社会に求めて旅した兄弟が実は、家庭内経済でも十分に幸せなことがあることを悟った内容です。

また、2019年フィンランドで大ヒットしたアク・ロウヒミエス監督の映画『アンノウン・ソルジャー』は、大戦下でのロシアとの戦いを背景とした作品ですが、戦争の結末は国家権力に服従することではなくて、家庭に戻ることの本当の幸せについて描かれています。最後に、新海誠監督の2019年新作映画『天気の子』は、中学生と高校生の少年少女が織り成す物語ですが、市場社会のなかでも子どもたちが求める自然を背景としたすばらしい世界感が描かれています。この3作品に共通していることは、権力や富を希求していく社会のなかで、貧しくても本当に大切なものに出逢えた幸福感です。そうした気づきが大切なことです。

本書では演劇の持つ力をビジネス世界や日常生活に活用できるという視点からまとめてきました。コンテクストの理解と五体を使ったコミュニケーション手法、「バランス・スコア・カード」と「PDCAサイクル」を実行すること、「物語から感動する面影の見える創造力」がきっと読者のみなさんを勇気づけてくれるはずです。あなたを支えて助けてくれる人たちは自らがつくるストーリーの登場人物たちなのです。ですから、日々の暮らしのなかでは、あなたが主役であることをいつも意識してはどうでしょうか。

幕あい

プロローグでは、「私たちはどう生きるのか?」について、第1幕では「自分の想いを伝える」ために、社会の仕組みや問題点について指摘しました。そして、物語とその先にある大切なものについてお話ししました。第2幕では演劇と公共の仕組みについて、先人の例を紹介しながら日本と欧米との比較を分析し、「演劇の公共性」についてのメカニズムを説明しました。

第3幕では「演じること」の意味と必要性について、コンテクストや「バランス・スコア・カード」を紹介しながら、未来につなげる思考について提案しました。

コミュニケーションは「共同」という意味

演劇の基本となるコミュニケーションは「共同（ギリシャ語の「communnis」）」という意味です。仲間たちと共同体を創るための手法であり「対面」を基本とします。情報の発信側と受け手側との関係から成り立ちます。

しかし、インターネットの出現にともないメディアは、送り手と受け手の間に対面的接触を不要にするために、共同性の解体を促す機能があります。つまり、コミュニケーションとメディアとは相反する機能があるのです。

このことを理解していないと、人間関係や仕事上でのコミュニケーションを活用することがむずかしいと思います。

よくあるケースなのが、仲間たちや仕事上でのライングループによるコミュニケーション不足です。対面を原則としていないので、ライン上にあげられた情報の裏づけや信憑性が不確かなことにより、人間関係の悪化が生じます。また、情報が一方的に発信されてしまうことにより、受け手側の心の準備に支障をきたし、本来の目的である情報共有ができなくなります。すなわち、コミュニケーションが取れない状態につながることになるのです。

市場社会の追求により、私たちはメディア社会のなかで生きています。新型コロナウィルス感染問題は、世界中に衝撃的な被害をもたらしました。あらゆる産業経済に影響をおよぼし、マスクすら入手できないという事態は、私たちが市場社会に偏りすぎてきた弊害とも受け取れます。

ウイルス感染を防ぐために対面的接触を避けるテレワークの利便性が評価され、活用されていますが、あくまで補助的な活用の範囲内でのコミュニケーション方法ととらえるべきです。コミュニケーションの基本は対面関係のもとに成り立つからです。

映画『ブレードランナー』（２０１７年）や『ターミネーター』（２０１９年）にみるＳＦ社会は情報処理を巡り、ＡＩとロボットが人間を追いかけ続けるというストーリーです。必要な情報を残し、必要ではない情報は抹殺してしまうという恐ろしい世界です。問題は、誰が何のために必要とする情報を選択するのか、という基本的な疑問が残るのです。

本当の幸せは何かというテーマについては、『ブレードランナー』のなかではＡＩ同士の愛情が描かれています。しかし、ＡＩ同志によるラブストーリーは、対面的な接触のない情報処理の一つに過ぎないことから、悲しい結末が導かれています。急速な技術の発達により導かれる未来が、必ずしも人間が本来求める理想的な社会であるとは限らないのです。

先に述べた「オックスファム」の調査では、地球人口の約半分の貯蓄と上位資産家30名足らずの貯蓄がほぼ同じという意味をどのように理解したらいいのでしょうか。それは貧困層地球人口の半分の人たちの総意でしょうか。いいえ、そんなことはありませんが、ごく一握りの裕福層たちにより地球上の資源が独占されていることになります。地球上の資源は限られています。この資源の獲得を目指して、産業革命以降に覇権争いが行われてきたのでした。それは今日においても行われ続けているのです。

こうした地球上における資産の偏りの主な原因は、急速な情報通信技術の発達にあります。通信データの高速化と容量の大量化により、仕事の効率がスピードアップしているからです。

ここで前述のコミュニケーションの意味を思い出してください。

コミュニケーションはそもそも共同体を創るための手段であり、「対面」を基本とする手法であることを述べました。しかし、市場社会で高速化された情報の処理能力は、もはや人間が直接対面処理できるものではなくて、ＡＩやロボットによる効果にすぎないのです。そこには誰かが考えた利益追求が第一の目標であり、ソクラテスやプラトンが目指した人間同士の対話によるコミュニケーションから創られる社会とは、異なった世界なのです。つまり、コミュニケーションを活用した共同体ではなく、メディアの機能により操作される世界ですから、人間が求める共同体の解体へのメッセージが込められていることになります。ここが大切なところです。

『ブレードランナー』『ターミネーター』のような未来の社会を、私たちは果たしてそれほど急いで築く必要はないのではないでしょうか。

カミュの「ペスト」が伝えたかったこと

14世紀に西欧で蔓延したペストは、人口の4分の1が死亡したために教会の権威が失墜した結果、ルネッサンスが誕生しました。人間が力を合わせて、芸術・科学・学問・医療などを発展させたのです。それは権力者たちが疫病を抑えられなかったために、自分たちの共同体を目指した市民が立ち上がったからです。

フランスのノーベル文学賞作家・アルベール・カミュの「ペスト」（１９４７年刊）が新型コロナ感染発症をきっかけとし、73年近く前に出版された本にもかかわらずベストセラーになりました。ペスト感染をテーマとしつつも、人間の不条理の哲学が描かれていることが、今日のコロナ感染と共通した共感が人々に受け入れられているのだと思います。

人間によって行われる不条理の例として、香港での２０１９年3月から続いている「逃亡犯条例改正」を巡るデモは、人口７００万人の香港で２００万人（主催者発表）の若者が集い、香港当局との間でデジタル攻防戦が行われました。香港当局がデモ参加者を裁判所の許可なくデータ会社から情報を引き出してデジタル追跡し、逮捕者の特定に利用したのでした。このため香港の若者たちはデジタル断ちという行動を取ったのです。便利さがゆえに使用していたＳＮＳに積み上げられていくデジタルデータに、人々がのみ込まれていく世界ではありませんか。

新型コロナウィルス感染による経済のダメージは計りしれません。世界各国は感染を防ぐために国境を封鎖し、世界経済が急減速しました。ウイルス発生時の感染抑止にも政治的思惑が入り乱れ、予防対策の時期を失いました。メディアは対面的接触をすることのない感染情報をそれぞれの都合でのみ発信し続けたのです。

結果的に世界は混乱し、医療崩壊をともなうさまざまな問題が提起されました。さらに、ウイルスの起源を巡り、発生からウイルスの情報を伝えなかった中国政府に対しての不信感が拡大し、米国と中国間にリスクが生じました。

繰り返し、演劇を含む舞台芸術は文化芸術として文明創りにつながる芸術です。ネット社会にあっても対面関係がなぜ必要であるかというと、「対面関係」によるコミュニケーションは文化のストックへとつながるからです。

文化政策は「教育による再生産」を目指した保護主義であり、メディア政策は「産業による需要創出」を追求する自由主義です。日本では文化庁が文化のストックを管轄し、経済産業省がメディア政策を管轄していることからも明らかです。ですから、利益の追求だけでは人間が求める平和社会の構築にはつながらないのです。

これを機会に、幼い頃に家族と歩いた後ろ姿を振り返ってみてはどうでしょうか。そこに、あなたの本当の心があります。

第4幕　ワークショップ

俳優の対話力を暮らしに活かす

演劇を日常に役立てる

第４幕ではプロの表現者である俳優たちが役づくりをしたり、スキルを磨くために行う創作活動（ワークショップスタイル）のなかから、あなたの暮らしだけでなく仕事に役立ち、さらに取り組みやすい方法を選び、いくつか紹介していくことにしましょう。

このやり方を知っておけば、最初は相手から警戒されていたとしても、会話を進めるうちに自然に心を開いてもらえるようになるはずです。それは相手の心に寄り添ったコミュニケーションがとれるようになるためです。ここに演劇的ワークショップを学ぶ価値があります。

また、第２幕で演劇には「公共性」があり、演劇を活用した市民の資質・能力などを育成する教育「シチズンシップ教育」が積極的に行われていたという歴史があることにも触れましたが、私たち劇団ひまわりでは、文化庁の事業「本物の舞台芸術体験事業（平成23年より文化芸術体験事業）に約14年間、取り組んできました。

具体的には、劇団員が地方の小学校などに出向いて地元の児童と、ワークショップを通じて交流を深めています。出先の学校で開催する劇団ひまわりの公演には地元の児童たちに出演してもらっています。子どもたちが舞台芸術そのものを体験する場、また、その家族や地域の人たちが演劇を身近なものとして受け入れ、触れ、楽しむことができる場を提供しています。その話もしたいと思います。

そもそもワークショップとは何か

前置きが長くなりましたが、いよいよ本題に入ります。まずは「ワークショップとは何か」についての説明からはじめましょう。

ワークショップとは、主に演劇や美術で多く使われてきた言葉で「参加・体験型の講座」のことをいいます。最近は学校の授業でも取り入れるケースが増えてきました。参加者が話を一方向に聞く受動的な立場のセミナーなどとは違い、参加者が身体を動かしたり、作品を創りながらレクチャーを受けるという特徴があります。

その目的は、円滑なコミュニケーションの形成を掲げる場合が多く、価値観の違いを認識することやチーム内での想像の共有に磨きをかけるために役立ちます。

そのやり方は講師によってさまざまですが、俳優同士のコミュニケーション力を磨くことを目的としたワークショップ（シアターゲーム／ゲーム感覚で楽しみながら、俳優としての技能を伸ばせるもの）やインプロ（即興劇）などが、演劇を学ぶ現場では多く用いられています。また、メンバーでいくつかのグループをつくり、与えられたテーマに沿ったショートストーリーを完成させるというものもあります。

ちなみに「インプロ」(Improvisation）はお客様に観せる即興的な公演のことをいい、「ワークショップ」はその表現者のための練習として使われる言葉です。ここではコミュニケーションについて遊びながら学ぶことができるワークショップについて、いくつか具体的に触れてみます。

その前に質問しますが、読者のみなさんは「ままごと」を経験されたことはあるでしょうか。

そうです。子どもたちが「ママ」や「パパ」の役になり家庭で起こる日常を再現する遊びです。男性はあまり経験がないかもしれませんが、子どもたちがやっている姿なら見たことがあるかもしれませんね。

実はこの「ままごと」には、表現者（ビジネスパーソンだってひとりの表現者）に必要な要素がぎっしりと詰まっています。私たちが日常生活や仕事で相手とコミュニケーションをとりたいとき、仕事で社内の人やお客様にプレゼンをするときにも、大いに役立ちます。

具体的には、ままごとをしている子どもたちから大人である私たちが学べる点は3つあります。

①ムダな欲を持たない

ままごとをしている子どもたちには、誰かに気に入られたいとか褒められたいといった気持ちはありません。自分が観察してきたありのままの誰かの姿を演じているだけです。これは一見、簡単なことのように感じますが、実際には、とてもむずかしいことです。

大人が演じる場合、そこにはどうしても「認められたい」という余計な主観が入ってしまうためです。ところが、子どもはいいことも悪いことも含めて、自分が眼でみたままを演じます。とても自然体なのです。とはいえ「より良く」を追い求めることは悪いことではありません。大事なのは、どう思われたいのかの欲を必要以上に持たないことです。ぜひともこれを機会に子どもたちのように包み隠さず、素直に表現できるように習慣づけてください。

②自由な想像世界

子どもの遊びは進行中にどんどんルールが変わります。設定ですらオールチェンジするのは日常茶飯事です。「より楽しい方」へ、「展開がおもしろい方」へ、思考が飛躍していくのをよしとしているのです。「こうあらねばならない」というルールは、何一つもありません。

人と人が物事を一緒に進めていくとき、大切なことはその場が自由にものをいえる空間になっているのか、それぞれの思いが前向きであるか、そして相手の思いを受けとめながら上手に相乗りできるのか、です。ここも子どもたちから学べる点です。

③相手をよく見る

ままごと遊びは、参加するみんなが「楽しい」と感じられることが大前提となります。自分ひとりが突っ走ってもダメですし、他の誰かに主導権を譲りっぱなしでも楽しくありません。その場で次々と生まれてくる関係性に上手にのっかりながら、一緒にその場を楽しく過ごすことです。ままごとで繰り広げられる展開すべてが正解なのだと受け入れられれば、笑顔も増えることでしょう。

相手の「楽しい」が、自分を「幸せ」にしてくれるのです。これから具体的にあげていくさまざまなワークショップも欲を持たず、自由な発想で、誰かと一緒に楽しく創る——そういう気持ちで臨めば、きっとたくさんの発見があると思います。

すばらしい成果が生まれるときは、必ずといっていいほど、その場の空気は心地良いはずです。結果というのは、そこまでの課程を誰と、どこで、どう歩むのかによって大きく左右されるからです。良い空気（環境、人間関係）をどうつくるのかを考えることは、とても重要です。

ワークショップ①

俳優の訓練をビジネスに役立てる

伝達力を磨く

ワークショップ①は、基本中の基本、「歩く」という動作を通して自分のことを知るためのワークです。「自分のことについて知る」には、客観視する眼をもつことが大事で、それによって常に最高のパフォーマンスを出せる状況をつくることにも役立ちます。

あなたも経験があるかもしれませんが、人は「うまく行動しよう」と考えると、「頑張らねば」という力が過度に働き、意識しすぎて緊張してしまうのです。こういうときは脈拍もあがっているものです。では、どうしたらいいのでしょうか。俳優がどんなときでも平常心でいられるように、自身で心と身体をコントロールできるようにと、取り入れている方法があります。

俳優が観客の心を打つ演技ができるのは、舞台上でも強い集中力と平常心で演じられるからです。「声が震えていないだろうか」「落ち着かなければ……」と気持ちが浮ついていたり、不安に揺れ動いていれば、意識がそちらに向いているので、いい演技ができるわけがありません。また、舞台に立つ大事な場面で声が小さく、身体がふらついていれば、パフォーマンスのクオリティーが下がるため、観ている人たちに感動を与えるどころか、物語のメッセージを伝えることすらもむずかしくなるでしょう。

大事なときにそうした状況をつくらないようにするために予防練習として、俳優が日常的に取り入れて

いるのが「歩く」という練習です。稽古場内を「普段の自分」をイメージしながら歩きます。その目的は、

①リラックスしているときの自分と緊張しているときの自分の呼吸のしかたや心拍数、歩き方がどう違うのかを知っておくこと

②緊張からリラックスにスイッチが切り替わる瞬間を知っておくこと

この2つを押さえておけば、自分がどうすれば緊張した不自然な状態からリラックスした自然な状態にスイッチを切り替えられるか（その逆もあり）、を知ることができるからです。ここがわかれば、たとえ自分が苦手とする環境に置かれたとしても、自由自在にふだんの自分に戻すことができます。

つまり、自分を落ち着かせる呼吸や自然な歩き方に戻せる術を身につけることで、ふだんと同じようなベストコンディションで行動できるようになるわけです。誰もが「歩く」練習を積み重ねるうちに、緊張のオンをオフにすることを身体で覚えていけます。そしてそれが習慣化されれば、無意識のうちにスイッチのオンとオフを切り替えられるようになります。

俳優が「いざ、本番」というときに、呼吸の乱れやふらつくこともなく、堂々と自分の演じる役柄になりきり、伝えたい感情表現や大事なメッセージを伝えることに集中することができる秘訣はここにあるわけです。

これはビジネスの世界でも同じだと思います。大事な商談でお客様にプレゼンをするときに心臓がバクバクしているために声が思う通りにでなければ、商品やサービスの説明もうまくできないでしょうし、相

手にはオドオドしているように見えてしまいます。
俳優のように歩く練習を日常的に取り入れるのはむずかしいでしょうが、たとえば、客先に歩いて向かう道すがら、ここで紹介する「緊張状態をオンからオフにする」歩き方を意識してみてはどうでしょう。大切な場で心を十分に落ち着かせ、呼吸を整えてから商談に臨めるようになります。
ここでは「歩く」をテーマに「2つの課題」設定をしてみました。より読者のみなさんの理解を深めてもらうため、澤原莉さん、山﨑詩織さん（ともに劇団ひまわり）にモデルになってもらい、ワークショップに取り組んでもらいました。ぜひ、ステップにそってチャレンジしてみてください。

目的
&
達成目標

目的 人前でのあがり症や緊張感を克服したい。

達成目標 ①自分らしく行動できるようになる。
②常に自然な表情で人と向き合えるようになる。

緊張を解く

〈自分を知る——基礎〉課題例　自由に室内を歩く。　レッスン時間約10分
ファシリテーター1名／参加者2名以上

［取り組みのステップ］

①まずは、部屋のなかを自由に歩いてみましょう。

②一旦、立ち止まり、自由に部屋を歩いたときに、自分がどんな気持ちになったのかを振りかえってみましょう。

［歩いているときに何を考えていましたか⇓（例）手を振ろう、背筋を伸ばして歩こう、どう歩けばいいのかな、など］

あなたはここで、歩き方を考えていませんでしたか。普段の生活では大抵、目的地やまわりの風景に意識が向いていています。歩くこと自体のことを考えているのは、ケガなどでリハビリをしている人ぐらいなものです。

③②で「自由に歩いていなかった自分」が自覚できたら、今度は行き先（歩く目的）をイメージしながら歩いてみましょう。それにより歩くことが動作（身体）への意識ではなく、感情（心）への意識に変わるはずです。

［（例）電車に乗る、友人との待ち合わせがある、ウインドウショッピングを楽しむ、など］

④さらに、目的先までに歩く道すがら目に入ってきた色、聞こえてきた音、感じた匂い、などを思い浮かべてみましょう。それにより、歩くことが（身体）への意識ではなく、感情（心）への意識に変わるはずです。

［（例）空の色は何色か、木々の色は何色なのか、人の話し声が聞こえたのか、工事現場で道路を削る大きな音が聞こえたのか、花や食べ物の匂いがするのか、など］

大切なことは意識を自分の内側ばかりに向けずに、もっと外側に向けることです。そうすることによって、その場の空気もいくらかやわらぎ、より自然体な自由が得られるはずです。

〈自分を知る-基礎〉自由に室内を歩く

[自由に歩く]

①「自由に歩いてみましょう」とファシリテーターから指示されて、どう自分は歩こうかを考えている状態。意識が内側に向いているため、「硬さ」「暗さ」「重さ」が感じられる。そのため表情がこわばって見える。

[立ち止まり、まずは考える]

② ①のように自由に20秒歩いたら、一度立ち止まりなぜ、自分が歩こうとしているのか、その目的に意識を向ける。そのとき、自分がどういう心の状態にあるのか(うれしい、楽しい、悲しい、苦しいなど)も問いかけてみましょう。

[目的意識を持って歩く]

③ ②で自分の感情をつかめたら、「公園を散歩している」「友だちと食事する店に向かう」など行き先や歩く目的を明確にイメージして歩くこと。写真は「歩く行為」自体に意識が向いていないため、歩き方が自然。表情もにこやかで、楽しそう。

気づき

「歩く」という言葉を聞いたときに、頭の中で思い描く状況(景色)は、人それぞれなのがわかりました。同じものを見たり、聞いたりしたとしても、人によって感じ方は違うからです。正しくメッセージを伝えたいなら、相手に響く伝え方ができるように、日ごろから表現方法には、いくつかのバリエーションをもたせておくようにしたいものです。

第４幕の写真／北原千冬

表現方法グセを知り、視野を広げる

〈自分を知る——応用〉課題例　のろのろ歩く。　所用時間約10分

ファシリテーター1名／参加者2名以上

[(ほかの課題) のしのし、ぺたぺた、ふらふら、ウキウキ、など]

[取り組みのステップ]

①まずは、イメージしたとおりにのろのろ歩いてみましょう。

②見ている人たちに自分がイメージしている課題をあててもらいましょう。よたよた、フラフラなど思いがけない答えが返ってきたりします。

③自分の歩き方で、のろのろと歩く様子が伝わったのか。あるいは、どうすればその様子が伝わるのか。再度、のろのろと自分なりに歩いてみましょう（風景、心情などをより具体的に考えてみる）。

④のろのろの歩き方について、どんなバリエーションがあるのか、みんなで共有してみましょう。

「自分を知る」ための「基礎」と「応用」の歩き方について説明しました。ここでは実際にスタジオのなかをふたりに自由に歩いてもらいました。みなさんとの共通点、異なる点はありますか。是非とも参考にしてみてください。

まとめ

自分が平常心でワークショップに向き合えているか。何よりもまずはこのことが大事です。そのためには日常のなかでリラックスしている自分をきちんと知ることです。とはいえ、実際はとてもむずかしいことでしょう。「客観性」を持たなければならないからです。

では、どうすればいいのでしょうか。具体的な第一歩としては、家族や気のおけない仲間といるときの自分を思い描いてみるのはどうでしょう。家族や仲間といるとき、あなたはどんな気分ですか。どんな表情をしていますか。

緊張していないときの自分をどれだけ日ごろから記憶しておけるかは、平常心を生み出すための必須条件です。その感覚はケガや病気をしてから健康なときにスタスタと歩いていた自分に気づく感覚と似ています。自然な声、動き、表情はすべて無意識のときにできているので、その無意識をどう意識化できるかがカギとなります。

受け取る側は、あなたとは違う価値観を持っています。別ないい方をすれば、人はそれぞれに違う環境で育ち、一人ひとりが別々の出逢いを繰り返してきているということです。「心の引き出し」の数と種類が、みんな違います。

つまり、同じ景色を見ていたとしても、そこでの感じ方は千差万別であるということに気づかなければなりません。これは仕事でも同じではないでしょうか。多くの人の前に立つときはその前提を忘れずに、「押しつけ」にならないプレゼンテーションを意識しましょう。相手に優しく寄りそうために大切なのは、「歩く」ことで学んだ「自分の意識をもっと外に向けること」です。

外といっても内側、外側の二面だけではありません。たとえば、いま、あなたが草原の真ん中に立っていると想像してみてください。空に飛行機は飛んでいますか。遠くの山や木々は見えますか。後ろにも、同じ風景が広がっていますか。また、あなたはいま、どんな服を着ていますか。

自分のまわりの360度、すべての角度から物語を見つめ直してみるのです。そこには必ず小さな発見があるでしょう。自分の意識を常に立体的なものとして、とらえることが大事です。そして相手の表情をしっかりと観察し、何を求めているのか、何を躊躇しているのかをたくさん想像してみることでしょう。俳優は「役」についてどれだけ深く考えたのかが、その演じ方や生き方につながっていくといわれています。ビジネスパーソンも、きっと同じではないでしょうか。「お客様の気持ち」や「商品の価値」についてどれだけ想像し、考えられたのかでプレゼンの深さと質が変わるのだと思います。

歩く練習に費やした時間に比例して、多くの人たちと場を共有するときに笑顔もたくさん生まれてくるようになるはずです。それが気持ちのうえでのゆとりを生み、プレゼンテーションの温度感や手触り感も違ってくるでしょう。素敵な芝居やプレゼンテーションには、この触感、つまり「人のぬくもり」があるものです。

そのためには、いまよりも、もっと相手のことを考えられるようになる必要があります。相手があなたに、どうあって欲しいかをつかみとる能力を磨けば、気持ちはさらにつながるはずです。

想像力を磨く

矛盾とは「矛と盾」のことで、「論理の辻褄が合わないこと」を意味するのですが、俳優という仕事はまさに矛盾そのものと日々、戦っているのだと思っています。たとえば、窓もない照明機材がぶら下がったスタジオで天井を見上げながら、

「あぁ、今日もいいお天気だなぁ」

と、とても気持ちよさそうにいわなければならないのですから。それに、その相手役がたとえ10分前に初めて会ったばかりの人であっても、長年連れ添った夫婦に見えなければならなかったりもします。

ビジネスで商談などをしていると、ときどき相手から思いもよらない反応があったり、切り返されることがあると聞きます。それがまっとうな内容であればいいのですが、ときに合意できないこともあるかもしれません。そんなとき心のなかで、

「ムリだ」

「こんなできごとには対応できない」

と正直、感じているときもあるでしょう。しかし、それでは課題解決はできません。事実から逃げているだけになってしまいます。では、どうすればよいのでしょうか。

いっそのこと、もっと矛盾を楽しんではどうでしょう。俳優が、がんじがらめの矛盾のなかで、なぜ、あんなにもイキイキできるのかというと、矛盾を当然のこととして受けとめ、楽しんでいるからです。「相手とすれ違いがある」という事実を恐れていないのです。

「事実」を受け止めたら、「課題の本質」を探せばいい。あとは、その解決に向けて相手と「交渉」なり、「合意点」を見つけていくことをオススメします。「何が正しいか」を知ることも大事ですが、もっと大事なことは、「相手と折り合いをつける合意点」がどこにあるのかを見つけることです。

とはいえ、この時点で相手が何を考えているのか、まったく把握ができていない状態を探ることは、俳優が窓もないスタジオで気持ちよさそうにできるのと同じぐらい、頭をフル回転させて想像力を働かせることが求められます。

では、俳優が想像力を働かせるために、具体的に何をしているのかといえば、自分が持ちあわせていない新たな視点探しです。いままでとは違う目線で考え直してみています。時には、現実的ではない発想、自分にとって正しくないと感じている角度からも考えてみるようにしています。答えが自身の中に存在していない以上、思考に飛躍が求められるためです。

ビジネスもそうなのでしょうが、俳優の場合は特に、役柄を演じるという観点にのみ焦点を当てれば、極端なほど思考を飛躍させることが求められます。なぜかといえば、その表現のしかたの善し悪しを判断したり、評価を下すのは、常に自分以外の人だからです。あくまで俳優は役柄を演じているわけで、自分自身ではありません。

自分以外の人とは誰なのか、といえば舞台をつくる段階では、監督や演出家であり、舞台に立っているときは観客のあなたです。たとえ自分が最もいいと思える、自信がある選択をしているつもりでも、彼らに役柄を通して表現しているメッセージがまったく伝わらなければ、舞台そのものが成立していないことになります。

ですから、俳優は稽古の時点では想定できる複数の答えを事前にたくさん用意し、そのなかから演出家や観客など、自分以外の相手から受け入れられるものを最終的に一つ選んで表現していくようにします。そうしたプロセスを踏むために、身に着けることを求められるのが想像力だといえるでしょう。

では、想像力を磨く——自分の意識の幅を広げていく——にはどうするのかですが、俳優が練習に取り入れているのが、「いま、ここにはない非日常の空間を想像で歩いてみる」というやり方です。

たとえば、「足首まで雪が積もっています」とか「全身が頭の上まで水の中」などがその一例です。何もない稽古場に雪が積もっていて、雪を踏みしめながらゆっくりと歩く自分、あるいは、稽古場が水で満たされている景色を描くわけです。そうすると何が起こるのか。

雪を踏みしめている姿を頭のなかで描きながら、相手が想像していることとの共有を探し、同じ体感を手に入れたいと願う、より深い当事者意識が生まれてきます。つまり、同じシーンを想像するなかで一体化し、歩みはじめるのです。そのうえで、自分なりのリアルさを表現していくようになります。もし、自身が雪の積もっている状況があまり好きではなければ、雪の重さや冷たさを身体で感じるかもしれません。雪が冷たければ直接、皮膚に触れる部分をできるだけ少なくするために首をすくめるでしょうし、体温を下げないように手を握るかもしれません。

この要領で、さらに自分が子どもだったら？　子どもを抱っこする父親（母親）なら？　80歳の老人だったら？　と、イメージを膨らませていくのです。もし、自分が子どもだったとしたら、「雪が冷たいもの」という前に「雪が積もっていること」自体に心踊るかもしれませんね。素手で雪玉をつくって、友だちとキャッキャッいいながら、雪合戦をしながら元気に歩く、それどころか雪の上を走る姿が浮かぶことでしょう。

つまり、雪に対する扱い方や感じ方一つとっても、年齢、性別、体型、また、育った環境、心理的な状況でまったく異なるのです。俳優は想像力を磨く、こうした練習を積み重ねるなかで、より深い当事者意識を身に着けていきます。実年齢が40歳の俳優が80歳の老人を演じたときに、舞台では老人にしか見えないのは、こうした役に（相手）になりきるためにさまざまな角度から人を見つめる練習をしているからです。

こうして生まれた矛盾に苦しみながらも、その事実も楽しんでいるのです。ビジネスでもこのやり方が活用できると私が思うのは、状況に応じていろんな角度から人を見つめることができれば、たとえ相手が考えていることを言葉にして伝えてくれないとしても、望んでいることや踏み切れないでいること、ひっかかりを瞬時に察知する力がつくためです。あなたの感性に磨きがかかるのです。

たとえば、商談がすぐに成立しないのは、金額が高く折り合いがつかないのだと思っていたとしても、そう決めつけるのは短絡的です。値段がネックの場合も、そうでない場合もあるためです。相手が煮え切らない様子であれば、まず、会話の中や相手のしぐさをヒントにして、相手の立場になりきってみましょう。

相手が渋っている課題が金額ではないのでは？　という事実が透けてみえてくるときもあります。そのときは、相手と折り合い点を探すために、次のようなボールを投げることもできるわけです。

あなた「やはり問題は、金額でしょうか」

相手「……」

あなた「金額も金額なので、お時間も必要だと思います。じっくり考えていただくこともとても大事です。お返事についてですが、どれぐらい必要でしょうか」

という具合です。そうすれば、

「では、経営会議にあげるので、２週間ほどお待ちいただけますか」

と、返事をもらえることもあります。社内決裁をとりつけておくことが必要な場合もあるからです。

相手になりきってみることを通して、相手がどこに興味を持つのか、あるいは、琴線に触れるのかなどがつかめるようになれば、「相手と折り合いをつける合意点」も見つけやすくなります。このワークで相手への共感度や理解度を深めてみてください。

目的
&
達成目標

目的 相手と場の空気を共有し、そこから共感できる部分を見つけて分かち合う。

達成目標
①非日常的な想像力を働かせて、相手に上手に伝達する。
②相手との違い、または共通するところを受け止める。

状況を知る①

〈相手のことを知る〉課題例　暗闇のなかを歩く　レッスン時間約10分
ファシリテーター1名／参加者2名以上
［（ほかの課題）水中、雪の上、砂漠、など］

［取り組みのステップ］

①暗闇のなかにいる自分をイメージしてください。さあ、イメージできたら、暗闇のなかを歩いてみましょう。
②どうしてあなたは、そのような歩き方を選んだのですか。その理由をまわりの人に説明してみましょう。
③もう一度、暗闇のなかを自分なりに歩いてみましょう。どんな気持ちですか。①のときとの違いはありますか。
④最後は実際に目をつぶって歩いてみてください。現実は想像とだいぶ違うことに気づくはずです。

まとめ

共有・共感を生むために大切なのは、いかにそこにウソがないかです。相手のことをいくら思っていると言葉で伝えたところで、人は目線やちょっとした行動でそれが本心なのかどうかを感じてしまいます。「…したつもり」「ふり」では共感は生まれてきません。自分の「過去の体験」から「その心情」にも意識を広げて、相手と「同じ風景を見る」工夫を凝らす。それがとても大事なことなのです。相手とともに、

〈状況を知る〉暗闇のなかを歩く

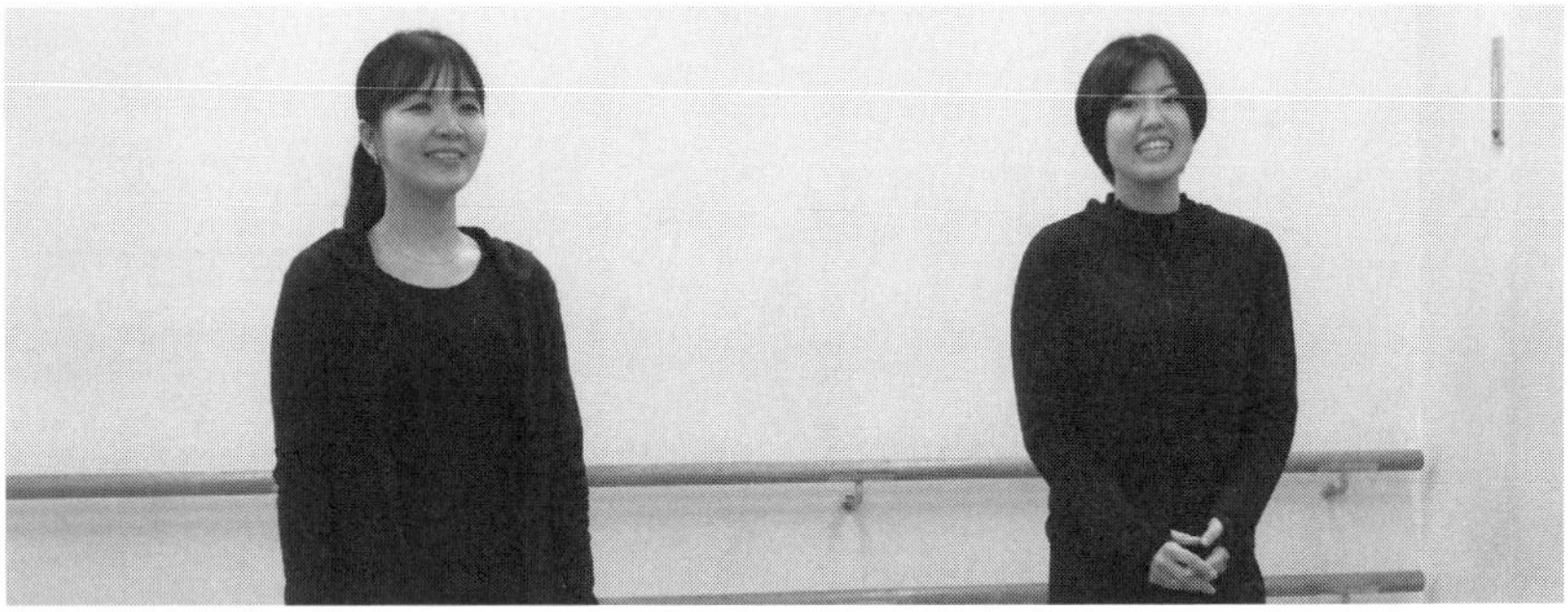

[闇の中を想像する]

①闇の中にいる自分を想像してみましょう。どんな気持ちになってきましたか。
このときはいっしょにいる人のことを意識する必要はありません。イメージすることに集中しましょう。

[闇の中を歩く]

②さあ、自分が思う闇を実際に歩いてみましょう。
[左側の女性は闇のなかに恐怖を感じて座り込んでしまっている。右側の女性はまわりが暗く、何も見えないため手を使い、壁や家具などにぶつからないようにまわりの状況を探っている]。

③表現方法は違うもののふたりとも不安そうな表情です。
「不安な気持ちでいる」という感情を表現しています。

④観ている人にどう感じたかを聞いてみましょう。
誤解があればなぜそうなったのかをみんなで考えましょう。

気づき

「暗闇を歩く」というテーマですが、何も見えない状況のなかに置かれると、人間は恐怖のあまり立ちすくんでしまうこともあります。厳密には「歩く」という条件を満たしていないことになりますが、座り込むのも不安な心理状況をよく表現しているので正解です。人間は危機的な状況に置かれると、動けなくなることがあるからです。表現のしかたに正しい、間違いはなく、「すべてが正解」なのです。

答えを導くという姿勢を忘れてはいけません。押しつけは、ただの自己満足になります。

企業や劇団といった集団のなかで能力や力を発揮していくには、個々のスキルアップが必要となります。しかし、単純に一人ひとりのその力が上がるだけでは、残念ながら集団の能力は上がりません。たとえば、野球で四番バッター（ホームランを打てる強打者）ばかりを９人並べても、他チームに勝てません。守備の名手や足の速い選手、リーダーシップに長けたキャプテンなど、適材適所でさまざまな人材が求められます。

そのためには全員が「集団にとって大切なもの」を共有することです。それは「強み」だけでなく、「弱み」も知ることかもしれません。

もし、弱みがあることに気づいたならば、そこをカバーできるように一人ひとりがスキルアップをしていけばいいのです。個人の努力が集団全体へと波及するためです。２０１９年のラグビーワールドカップで、何度も聞かれた「one team」の考え方です。勝利という目的のために一人ひとりのスキルを最大限、活かすわけです。企業に置きかえれば、売上やイメージアップのしかたをそれぞれが描いてみるということでしょうか。

「個」は「個」としてできることを最大限やるべきなのですが、そのときに集団への帰属意識をどれだけ持っているかは、大切なことです。この延長線上には、「誰かのために」という思いやりが存在し、なおかつ「自分は何者なのか」も考えるきっかけとなります。

外部で身につけた経験や知識を自分の集団に持ち帰り、新たな熟成を生み出す。これを繰り返していける集団は多くの発見がおそらく多いはずです。たとえひとりの天才がいなくとも、全体としてクオリティの高いものを生み出せるのならば、それで良いのです。

優れた個性は、優れた集団のなかでこそ輝きを増します。ひとりよがりにならずに、常に全体へと視野を持ち続けられる個であることが、とても大切なのです。

自分を磨けば周りは動く

「うその世界にうそを重ねてはいけない」——これは、とある演出家の言葉です。

虚構だからこそ、そのなかで演じる俳優たちの心には、ウソがあってはいけないというのです。あなたが特定の俳優さんや女優さんを好きになるのは、俳優として技術があるのか、ないのかではないと思います。いくらその俳優さんや女優さんの発声や滑舌が優れていても、心情表現やその想像力が未熟であれば、魅力を感じないと思います。相手を好きになるには、その人が「どんな人であるのか」のほうが重要なのです。

これはビジネスパーソンも同じことでしょう。表現の根底には、いつも自分自身が透けているのです。だからこそ、自分自身のことをよりよく知らなければならないのです。

とはいえ「あの人は素直ないい人だから」だけでモノが売れることはありません。そんなに世の中は甘くないのが現実ではないでしょうか。「人を磨き、スキルも磨くこと」は、当たり前のことだと思います。ところが頭ではわかっていても、なかなか答えに行きつかないものです。

では、どうするか。たとえば、「歩く」という行動は、「五感を使い、想像により、リアリティを身につけていく基礎」になります。なぜ、リアリティが必要なのかというと観客に共感を生むためであり、より深い想像の域で感動を届けるためです。

しかし、「感動」には形もなければ、色も匂いも手触りもありません。しかも十人十色でとても扱いにくいものです。俳優は観客が自らの想像で補ってくれるように、細かいディティールのなかにも、リアリティを追い求めるのです。

俳優は台本のなかに何が見え、聞こえ、感じているのかをしっかりと考え演じなくてはなりません。そしてこの顧客の想像が具体的であればあるほど、観客はより作品に引き込まれていくのです。

その意識の深さの差で表現が優れている俳優なのか、そうでないのかに分かれます。なぜなら「物語」を描ける人と描けない人がいるためです。物語とは、先ほども触れた役のこれまでの人生や価値観のことです。ビジネスの世界でも、相手からいわれたことをただやるだけの人がいますが、まだ、物語を描けていないのかもしれませんね。

「歩きなさい」といわれたときに、いつ、どこで、誰が、どのように歩くのかを考える人と、そうでない人では、表現の質がまるで違ってきます。

形がないものの価値を生み出す

この表現の質の違いは、いま、自分が置かれた状況について考えることができたか、そうでなかったかだけの違いですが、俳優はこの「考える」という作業を常に訓練しています。しかも表現には正解がないので、観客がどう受けとめたかまで想像しています。すべてが思いやりのうえで成立しているといってもよいでしょう。

ビジネスパーソンも、考え方は同じではないでしょうか。マニュアルはあったとしても、同僚や後輩、お客さんに対していつも同じ対応ばかりしていては、いい関係はつくれません。いい仕事ともいえません。その日そのときのいまを感じて、日々選択を重ねているに違いないとして、ここはまだまだＡＩには真似できない部分です。実に人間らしい作業といってもいいでしょう。形もない正解もないものに対して、自分なりの色や温度や手触りを想像し、提供できるのか。これは表現者にとって、最も大切なスキルといって良さそうです。

しかし、「より大きな共感を手に入れること」と、「媚びを売ること」とは違います。自分が他者に対してあれこれ寄せてばかりでは、かえって共感することから離れていきます。「合わせる」とは、本来、一人ひとりが自分の考えを持ち寄ったうえで成立する事柄だからです。そのうえで、自分と他者の「違い」にしっかり目を向けなければなりません。そしてまずは、他者を認めるのです。この「違い」を認められるか認められないかが、大きな分岐点です。

企業規模を少しずつでも拡大できている企業は、この違いにきちんと目を向けているのではないでしょうか？　きっと多様な価値観を受け入れることで、そのニーズや幅を広げているのだと思います。

俳優でいうと、「観客の多様な受け取り方に対して、どれだけ対応できているか」となるでしょうか。もし、そこで俳優が演じながら演技の説明をしてしまったら、それはもう芸術ではありません。「いまはこう思っています」というのは、相手に感じさせることであって、説明することとは違います。

大切なのは観客の心のなかにきちんと「感動」を生み出し、観客がそれぞれの価値観にしたがって自分の次の行動や思考につなげていくことです。ビジネスも購買意欲を引き出すことが、一つの目的なのですから、やはり似ているのではないでしょうか。

そしてこれも大切なことですが、「物語」をつくる作業です。俳優は役をどう生きるかという物語をつくり、観客はそれに共感することで今後の人生に何らかの影響を受けるのでしょう。こうして新たな自らの物語づくりをはじめるかもしれません。

「物語」を意識しながら、あなたはいまの仕事と向き合っているでしょうか。できていなければ、まずは目の前にいる人に「共感」してはどうでしょう。いまよりも、もっと相手を想像して思いやり、そんな自分で居続けられるように自分研きをすることが大事になってきます。

ちなみに俳優はこんなふうに感じたとき、小さな感動を見つけにふらっと出かけたりします。感動は必ずしもお金のかかることばかりではありません。春ならば満開の桜を見て、夏ならば海と空の境目の青に目を凝らし、秋ならば夕暮れの虫の声に耳をすまし、冬ならば煌めく星座を指でつないでみる。そんな体験が気分転換も引き寄せて、あなたの心をリフレッシュしてくれるはずです。

ワークショップ③
俳優の訓練をビジネスに役立てる

相手と同じ景色を見る

映画やテレビドラマに限らず演劇やミュージカルで、作品づくりは、すべてグループワークで行われます。ビジネスの世界もその大半は同じだと思います。誰かとともにアイデアを凝らし、結果に向かって形にしていくわけです。そこで大切にしたいのが共感力です。

共感力とは相手と合わせるというよりは相手が感じ、考えていることに対して、アンテナを張る力のことです。俳優にとってこの意識はとても大切。なぜならば、俳優は演じている間、役として自分ではない他者の心情に集中しなければならないからです。同時に冷静にセリフや動きの段取り、それにカメラの位置や観客への向きなどアンテナを張り続けなければなりません。なおかつ相手役の言動にも常に心を動かしていなければなりません。

これは完全に相反する感覚なのですが、すべての俳優にとって必須のスキルでもあって、ある意味一番大切で、一番むずかしい技術なのだと思います。想像力をはじめ観察力、瞬発力などさまざまな力を同時に求められますが、こればかりは訓練しないとなかなか身につきません。しかし、一般の人たちのなかにも、こうした能力を身につけた人はいます。ビジネスの世界であれば、こういう人が上司や先輩にいると、物事はスムーズに運み、まわりの人たちにストレスもかからないはずです。

では、こうした力を磨くには、どうすればよいのでしょう。その答えは自分の考えを伝える意味で、「主張」は大切ですが、同時に「謙虚さ」を磨くことです。

まずは、相手のことを受けとめる力を磨くのです。つまり、「聞く力」です。「聞く」とは相手の考えを受け入れ、賛成なら、さらなる発展の可能性を探る。反対なら代案提示か課題追及を行うことができてはじめて、相手の話を聞いていることになります。

経験を要するかもしれませんが、この力を磨いていかなければ、話し合いや対話が常に「できない」「ムリ」というように、否定の積み重ねばかりになってしまいます。相手との関係もギクシャクしてきますし、何よりもその場が楽しくありません。

ビジネスで上手にコミュニケーションをとりたい、こんなときに役立つのが「イエス アンド」という考え方でしょう。俳優たちの間でも、ワークの一つとして取り入れられています。たとえ自分と相手の意見が違っていても、まずは真摯に受け入れ、そこから自分の考えを伝える姿勢で臨もうということです。「おっしゃることは、よく理解できます。それならば、このケースではこちらのやり方がよろしいかと思います」

という話し方です。相手のことを100%受け入れてから、自分の考えを伝える配慮ある話し方をすることで、良好な人間関係を結べるようになります。俳優の場合の「イエス アンド」は、「じゃあ、まずはやってみようか」からはじまります。たとえば、A案とB案で考えが割れたとき、それぞれの案を一度みんなで受け入れ、行動に起こしてみるのです。すると頭の中で描いていただけの場合と、実際に表現にしてみた場合では印象がまるで変わることがわかります。それは想像が、あくまでも個人の頭のなかだけで描かれているシミュレーションだからです。

しかし、お芝居という集団芸術には多種多様な価値観が常に混在しています。実際にみんなの想像を合わせるという行動をしてみないと、そのシーンのリアリティは体感できません。「これがいい」と思う案をみんなで出し合い、実際に演じてみた後で、一つの答えを選択するわけです。

大切なのは「受容」と「謙虚」です。しかし、それは「我慢」とは違います。自分では気づかなかった可能性を受け入れる力が求められます。拒否せずに一度、演じてみることで新たな感覚を手に入れたり、逆に自分の案への確信が持てるかもしれません。「自分にはまだまだ知らない世界がある」という「謙虚」を忘れてはいけないのです。それが俳優の「イエスアンド」の大事な基本的考え方です。

ビジネスでは「すべてをシミュレーションしてみてメリット・デメリットを拾い上げてみよう」のように使うと役立つかもしれません。物事にムダなどなく、むしろ演劇ではその回り道こそ、表現をより深めてくれるスパイスだと考えているほどです。

物事は頭で考えているだけでは気づかないこともあります。実際に身体を動かして体感を加えながら、ディスカッションを繰り返すことがオススメです。こうした考え方ができる人が相手とのコミュニケーションもうまくとることができますし、物事の進行も早くなるという印象があります。話し合いだけでは、結論が見つからず、行動までにつなげにくく机上の空論が多く見受けられます。

「会議は踊る、されど進まず」（１８１４年のウイーン会議）は、ウィーン会議の議事が進行しないことを皮肉った言葉で、オーストリアの将軍リーニュ公がいったと伝えられています。裏舞台を皮肉る有名な言葉ですが、ぜひとも実り多い会議や対話ができるようになりたいものです。

目的
&
達成目標

目的
人前でのあがり症や緊張感を克服したい。

達成目標
①自分らしく行動できるようになる。
②常に自然な表情で人と向き合えるようになる。

相手を知る

〈相手と情報を共有する〉課題例　月と太陽　所要時間10分

ファシリテーター1名／参加者2名以上
［（ほかの課題）ナイフとフォーク、カニとエビ、など］

［取り組みのステップ］

①2人1組になり、向き合います。今回の題目は「月と太陽」ですが、2人のジェスチャーが重ならないようにします。たとえば、1人が月（太陽）を表現したら、もう1人は太陽（月）を表現するのが、基本ルールです。前もっての打ち合わせや話し合いもしてはいけません。

②このルールを理解できたところで、2人で力を合わせて「月」と「太陽」を表現してみましょう。まず、自分が「月」「太陽」のどちらを表現したいのかを頭のなかでイメージします。イメージが浮かんだほうから自分の身体を使

①2人でテーマを共有しましょう。

②「月」か「太陽」に対して自分なりのイメージが浮かんだら相手に遠慮せず身体を使って表現します。

③どちらか読み取れず悩んでいるようですが、相手が「月(太陽)」か「太陽(月)」なのかを判断して表現します。

④相手のジェスチャーを「月」だと判断したため、「太陽」を表現。

⑤2人で答え合わせをしてみましょう。あっていましたか。もし、相手の表現を正しく読み取れていなかった場合は、どうしてなのか、その理由を考えてみましょう。

気づき

「月(太陽)はこういう形(大きさ)をしている」と、決めつけていませんでしたか。月(太陽)の表現のしかたでこれが正しい、というものはありません。とはいえ、大勢の人から同じ回答を得たい場合は、太陽は丸くて、大きく、月は三日月で表現したほうが伝わりやすくなります。

って月か太陽のいずれかを身体を使って形にしてみましょう。相手に遠慮せずに、思い浮かんだら表現しましょう。早いもの勝ちです、後発の人は、最初に表現した人が演じたものでないほうを形にします。

③2人で答え合わせをしましょう。相手が太陽と月のどちらを表現したのかわかりましたか。その答えは合っていましたか。もし、違っていたらどうしてなのか、考えてみましょう。

④太陽もしくは、月の表現方法について、ほかにどんなバリエーションがあるのか、みんなで共有してみましょう。

〈応用してみよう〉(ほかの課題) 水と油、黒と赤、など

①「月」と「太陽」のときと同様に、2人1組になります。

②2人のジェスチャーが重ならないようにするわけですが、形のないものの表現です。どうすれば伝わるのかを考えます。「かたい」と「やわらかい」、「重い」と「軽い」、「サラサラ」と「ヌメヌメ」など、まずは現状に沿ったアプローチからはじめてみましょう。もし、静止画では伝えにくいと感じたら、動画のように動いてもかまいません。ルールはどんどん変わっていいのですから。

③課題が色の場合は、もう一段の工夫が必要です。赤なら情熱的、黒なら陰うつなど課題それぞれが持つイメージ、つまり心理的アプローチからも表現してみましょう。人の感情が千差万別であることをさらに実感できるはずです。さて、あなたなら「赤」や「黒」をどう表現しますか。

まとめ

人間は2種類います。先にアクションを起こす「ピッチャータイプ」と、相手を受け止める「キャッチャータイプ」です。どちらが良いということはありませんが、自分がピッチャータイプならば、ときには周りの人たちから意見や感想を引き出す努力も怠らないこと。キャッチャータイプと思うなら、賛成か反対かの意思をしっかりと伝えるか、見せる努力を怠らないことが大切です。

171ページで形のないものをお題として出しましたが、このお題を形容詞にしても構いません。「きれいとかわいい」「重いと軽い」などです。いずれにせよ、相手がそれぞれどちらのお題を表現したように見えるのか。なぜ、そう見えたのかを発表することによって、主観と客観の温度差や個人の創意工夫に触れられるからです。

自分では「赤」だと思って表現しても、相手には「黒」と伝わる体験から、自分の考えていることが100％伝わらないということを理解することができるはずです。見る側にどう届いたかまで責任を取るのが、表現者です。

では、考えていることを伝えるのはどうしたらいいのか。

相手を意識したうえで自分の表現をしなくてはなりません。たとえば、ふたりで何かをつくる際、お互いに考えを合わせないとずれますが、ずれがあることを知ることで、相手のことを考える時間が増えるのです。しかし、媚びてはいけません。バランスが大切です。人の心を動かせる表現者には、相手のことを察して気遣えるバランス感覚の良い人が多いことからもわかります。

形にして伝える

ここで本幕の最初に触れたシチズンシップ教育の取り組みである「文化芸術体験事業」について触れておきましょう。と、同時に私の活動についても紹介しておきたいと思います。

私は劇場などで舞台に立つ俳優としての活動がメインですが、同時に劇団ひまわりでは、児童演劇の現場に出る活動も行なってきました。もう少し具体的にいうと、全国の小・中学校や地域の文化会館・市民会館において演劇作品を上演してきました。

それは劇場で演じるときのような営利目的ばかりのものではありません。文化庁や文科省などとともに全国各地の地域活性や島しょ部・過疎地での生身の芸術体験を目的とした活動です。

劇団員と児童・生徒たちでその公演にかかわるワークショップを事前に学校で行い、その後、公演にプロの劇団員（俳優）とともに出演してもらう活動です。

公演当日に児童・生徒に出演してもらうということもあり、家族や親せき、地域で暮らす人たちが観客のほとんどを占めるのですが、見知った子どもたちが舞台に立つのですから、とても盛り上がる公演になります。

なぜ、文化庁がこうした取り組みをしているのかといえば、

『文化芸術による子供の育成事業（芸術家の派遣事業）』は小学校・中学校等に個人、または少人数の

芸術を派遣し、講話・実技披露・実技指導を実施することにより、子供たちの豊かな創造力・想像力や、思考力・コミュニケーション能力などを養うとともに、将来の芸術家や観客層を育成し、優れた文化芸術の創造につなげることを目的としています。

（文化庁ホームページより）

と、この事業の趣旨を次のように掲げているように舞台芸術への直接体験を得るというねらいはもちろん、劇中のシーンづくりを通して相手役や観客に対しての伝え方や思いやりを育むという目的もあります。

ある地方の小さな田舎町で実際にあった話です。全生徒数70人ほどの小学校で、3年生の無口だった男の子が公演後に自らともだちや先生に話しかけるようになったという報告を受けました。ワークショップを企画し、子どもとも直接、触れ合った立場として、飛び上がるほどうれしかったのは、彼が自分のこと（興味や考えていること）をきちんと言葉にして、周りに伝わるように表現できるようになったからでした。つまり、対話ができるようになったのです。

学習意欲もあがり、机に向かって勉強もするようになったと、あとで担任の先生から聞きました。おとなしかった男の子がどうして自己表現ができる活発さを身につけたのか、そのときに取り組んだワークショップの一部をここで紹介しておきましょう。

「ともに作品をつくる」ことの価値

日本の昔話に「桃太郎」という話がありますが、私はよくこの作品をワークショップに取り入れます。その理由は誰もが作品の全体像を理解していることと、登場人物が個々に魅力的で演じ手に自由な発想をもたらしてくれるからです。

具体的に何をするのかというと、いくつかのグループに分けた子どもたちに「桃太郎」の物語にある多くのシーンのなかから好きなワンシーンを選んでもらい、各グループでそれを立体絵本にしてもらいます。メンバー全員でシーン選択や配役、立ち位置から台詞まで考えてもらうのです。話し合いと創造を時間を区切って何度も繰り返して物語を完成させていくのです。

当然、表現方法についてグループ内で意見は割れるので何度も話し合い、意見を出し、つけ合わせをしていきます。しかし、生徒数の少ない学校ではいつも意見を出す子は同じ子になりがちです。無意識のうちにスクールカーストが生まれていて、意見を出せない子はずっと自分の考えを表に出せないままになってしまっているのです。

私たちのワークショップの目的は、すごい作品やいい作品をつくることではありません。クラス内に普段と違う視点からの新たなコミュニケーションを生み出すことです。具体的には「やっちゃダメ」が多い教育現場の学校で「何でも正解！」「やってみよう！」の時間を提示するのです。すると、普段おとなしかった子どもやひとり遊びが好きだった子どもから、言葉や行動が溢れ出てきます。

子どもの発想は大人にとってとても刺激的です。「桃太郎」で、おばあさんが双子でふたりいたり、桃太郎よりキジが強かったり「常識」を越えたリアリティさが次々と生まれてきます。そんなとき、私たちはその案を否定しません。拍手喝さいで大喜びしたうえで、「じゃあ、どうやってそれを創る？」と次の想像への連鎖をうながすようにしています。

親子で過ごす時間が少ないいまの子どもたちは、あまり褒められることに慣れていません。核家族が増え、親のダブルワークも多いことも、その理由の一つでしょうが、やはり人と関わる時間が昔よりも圧倒的に少ないのではないでしょうか。先の男の子もきっとそんな環境の子どもだったのでしょう。一緒に笑い、アイデアを認めてくれる存在である私たちに、心を許してくれたのだと思います。

しかし、私たちは普段の彼らを知りません。あとで先生からあの男の子の変貌ぶりにとても驚いたと聞いてとてもうれしかったのと同時に、これこそが自分たちの役割なのだと確信を持ったのでした。

「どう他者と向き合うのか」を知る

気づかれましたか。演劇的ワークショップは、子どもたちに潜在的にある表演する力も引き出してくれるのです。その特徴と効果をまとめると、

①普段と違う人との空間を体験することで、「新たなコミュニケーション」の発見がある。
②個々の発想をまとめて一つの形にしていくために、「伝える力」と「聞く力」が磨かれていく。
③相手にどう見えているかを考えることで、「主観と客観」についての理解が深まる。
④それらをすべて実現していくために、「思いやり」の必要と大切さに気づく。

があります。このように活動は高い評価をいただいていますが、私が携わった作品のみでも、以下の実績を重ねることができました。

・文化庁平成16年度国際芸術支援事業二国間交流（ソウルを含む韓国3都市での上演）
・文化庁平成18年度「本物の舞台芸術体験事業」（大分・宮崎・鹿児島・沖縄での学校公演11校＋7校）プラスは追加公演
・文化庁平成19年度「本物の舞台芸術体験事業」（新潟・富山・石川・福井・京都での学校公演23校＋20校・二次追加6校）
・文化庁平成20年度「本物の舞台芸術体験事業」（北海道・青森・岩手・宮城・秋田での学校公演13校＋5校）
・文化庁平成21年度「本物の舞台芸術体験事業」（三重・大阪・奈良・和歌山・滋賀での学校公演23校＋5校）
・文化庁平成22年度「子どものための優れた舞台芸術体験事業」（広島・岡山・山口・鳥取・島根での学校公演15校＋8校）
・文化庁平成23～25年度「次代を担う子どもの文化芸術体験事業」B区分3年連続上演（神奈川・静岡・愛知・

公演に向けた稽古風景

岐阜・長野での学校公演初年度23校+4校　2年め25校+4校　3年め25校+4校)

なお、「とんでろじいちゃん」(原作 山中恒)という作品にて続けられてきたこの文化庁事業はその後、劇団ひまわりの別作品である「ホントのきもち」に移行。令和元年度まで、引き続き好評をいただきました。

これらの経験は、「他者に対してどう向き合うのか」ということを私に教えてくれました。演劇はそのほとんどが人と人との関係性を描いた物語なので、作品を磨いていくことは「人間力を磨いていくこと」に他ならないわけです。

「正解」がないことを楽しんでいるか

稽古と呼ばれる演劇の練習には、さまざまなメソッド（方法論）があり、その進め方も数多く存在します。人の価値観も多様化しているように、演技や表現方法もこれが正解であるという解は存在しません。だからこそ俳優は日々、自分の役柄と向き合い、その作品の世界観に沿った共有・共感（主に観客との間で）を探しています。ビジネスでも、教育現場でも、顧客や日々、かかわる人たちとの共感やチーム内での共有・思いやりを持つということは大切なスキルなのではないでしょうか。

第4幕では演劇的なツールを活かした相手のことを知り、共有・共感していくための考え方を紹介しました。人間関係を良好にするために一石を投じ、また、変化をもたらす事象を見ていただけましたか。

おそらくあなたのなかで、演劇に関しての位置づけやイメージがほんのわずかかもしれませんが、変わってきたのではないかと思います。ここでは周りの人たちと円滑なコミュニケーションができるようになるために、価値観の違いを知り、チーム内での想像の共有に磨きをかける方法を整理してきました。

ところで、もう一つ俳優に求められる能力があります。演じ手として自らの人間性と技術を磨いていくことです。そこは演出家、脚本家、俳優として幅広く40年以上、活躍を続ける栗田芳宏氏にバトンタッチしていきたいと思います。

第5幕　栗田メソッド

「演劇・五観書」

「KAN」の教えを解いた演劇の五観書

演劇の五観書とは、5つの「KAN」の教えを解いた巻物のことです。もともとは私が、俳優になりたいと臨む人たちの人間力を高める一助になればと思い、編み出した訓練法に「栗田メソッド」と名づけて整理したものです。

このメソッドを学んだ俳優たちからは、「仕事以外の場でも役立てています」と喜ばれていますが、恐らく体得していくなかで、相手が考えていることを察知したり、場の空気を読んだり、表現する能力が磨かれていくからなのでしょう。役を演じるとき以外でも役立ったという声をもらいます。

そこで第5幕では、取引先、社内、家庭などで、より良好な人間関係を築きたいと願ったとき、あるいは、人間関係を好転させたいときなどに役立つように、「栗田メソッド」の心構えや考え方、表現や演じ方などを紹介していきます。

演劇五観書の「KAN」ですが、文字通り5つの「KAN」に分類されています（図表5-1）。第1の「KAN」を「勘」とし、以下を「感」「管」「間」「観」と表示しています。第1から第3までの「勘」「感」「管」は役づくりの前段階である俳優が役をつくる前に準備しておくもの、すなわち「自分づくり」の教えを説いたものです。第4と第5の「間」「観」は俳優の仕事である「役づくり」の教えを説いたものです（図表5-2）。

図表 5-1

演劇の五観書とは何か

演劇の五観書とは、5つの「ＫＡＮ」の教えを解いた巻物のことです。
この訓練法を「栗田メソッド」と呼びます。

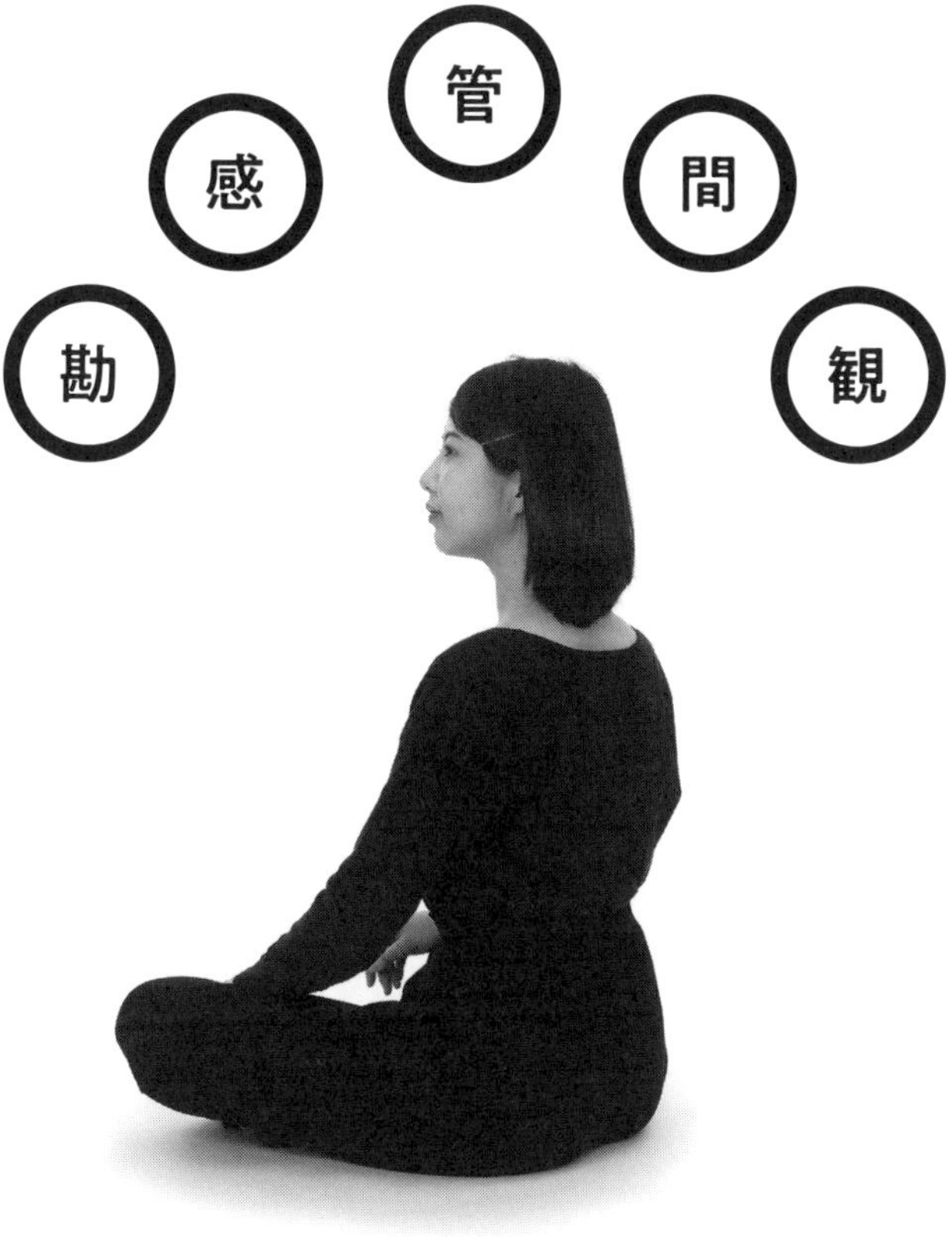

第 5幕の写真／保科幸江

図表 5-2

5つの「ＫＡＮ」の意味と
それぞれの「ＫＡＮ」の目的・目指すものは？

自分づくり

勘＝脳

理解する力を
高めましょう。

感＝心

感じる力、
感じさせる力を
高めましょう。

管＝からだ

表現する力を
高めましょう。

役づくり

間＝役

演じる力を
高めましょう。

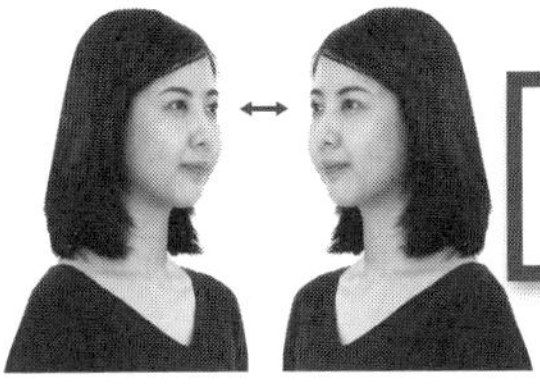

観＝客

離見する力を
高めましょう。

役づくりに欠かせない「人間力」

さて、ここで好きな舞台、映画、ドラマなどを観ているときのことをイメージしてみましょう。ふと気づくと自分が登場人物に感情移入していることに気づくことがありませんか。それは、俳優が脚本に書かれている役そのものになりきっているため、あなたもそうなれるのです。

では、なりきるとはどういうことでしょうか。

辞書によれば、「なりきる」は「そのものになること」と書かれていますが、俳優でいえば、「自分とは違う他者をつくること」です。つまり、役に内包されている「人間力」をリアルに表すことができたときに、役そのものになりきれるのです。

俳優はこれを知っているため、普段から自身の「理解力」を使い、役である他者を自分の「内」にとりこむ練習をしています。他者の感情を「想像力」を使って検証し、多様な「表現力」を駆使して、外に放出することが求められているためです。練習では「理解力」「想像力」「表現力」などのさまざまな道具ともいえる「力」を使うことを学んでいくのです。これら一つひとつが磨かれてうまくいったとき、映画やドラマなどを観る側である私たちが俳優の演技に心を引き込まれていくのだと思います。

これを式にして表すと、図表 5-3 で表されます。

五観の教えでは人間力を分母にして、「○○力」いうワード分子の集合体です。一つでも多くの「○○力」を身につけ、「技術力」を高めていくことが、ひいては「演じる力」を高めることにつながっていきます。

図表 5-3

○○力 ＋ ○○力 ＋ ○○力 ＋ ○○力 ＋ ○○力

人間力

キーワード：**道具（力）を使って＝つくる**

ここを苦手としていたら「強制的」にでも身につけないと、あなたが、演じたい役をつくりこんでいくことは残念ながらできません。「利己」と「利他」というい方がありますが、「他人の利益を優先」させることで実現が可能になっていきます。

これはビジネスの世界でも、同じことがいえるのではないでしょうか。新商品を開発するときに、それを使ったすべての人たちにどう喜んでもらえるのか、そこにきちんと取り組まなければ、いいものはできあがりません。

役者にとっては、自身が商品（相手にメッセージを伝えるための道具）となるわけです。その価値を生み出すためにもふだんから肉体と頭脳を鍛えておくことが必要なわけです。同時に「人間力」磨きも大切です（図表5-4）。

では、ここで1番目の「役づくりの方程式」について図式化してみましょう。
役づくりの方程式は次のようになります。

役づくりの方程式①

目的（ワーク）＋ **行動**（スキルアップ）＝ **役の誕生**（リアル）

図表 5-4

抑止力
集中力
適応力
創造力
技術力
説得力
破壊力
記憶力
理解力
行動力
観察力
持続力
想像力
表現力
洞察力
人間力
気力
知力
体力

Column
心をつくる言葉

世の中には「私のいう通りにしなさい」という人はたくさんいます。
このような助言者には事欠きません。しかし、「私のするようにしなさい」といえる人は、ほとんどいません。

モルモン教会大管長　ハワード・W・ハンター

何かを学ぼうとするとき、早く上達するための秘訣は「成功者をモデリング」することです。あなたは将来に向けて、誰をモデリングしていますか？

MEMO

その壱 「勘」〈理解力〉

「勘」の良い俳優になるために大事なこと

広辞苑で「勘」という字を引くと、「調べる」という意味がありますが、いい俳優になるには、多くの国の歴史、文化、モノや言語に積極的に触れ、そこで暮らす人たちのことに興味を持ち、自らの手でそのことを調べ、学び理解することが求められます。

つまり、日ごろから「わからないことをわからないままにしておかない」こと。「興味を持ったうえで多くのことを知ろうとする意欲」が俳優には求められます。

ビジネスパーソンも同じではないでしょうか。そして、こうして身につけた「知識」を「身体」という器のなかに蓄え、記憶してしっかりと残すことが求められます。それを図式化すると、

となります。

俳優はもちろんのこと、誰もが高い人間力を求められているわけですが、こうした「人間としての器が

図表 5-5

理解力
想像力
表現力
自分づくりの三大要素
勘ちがいしないで!!
「勘」が良い
「感」が良い
理解
納得
実感
直感
ひらめき
感覚

図表 5-6

役づくりのすべては「理解すること」からはじまる

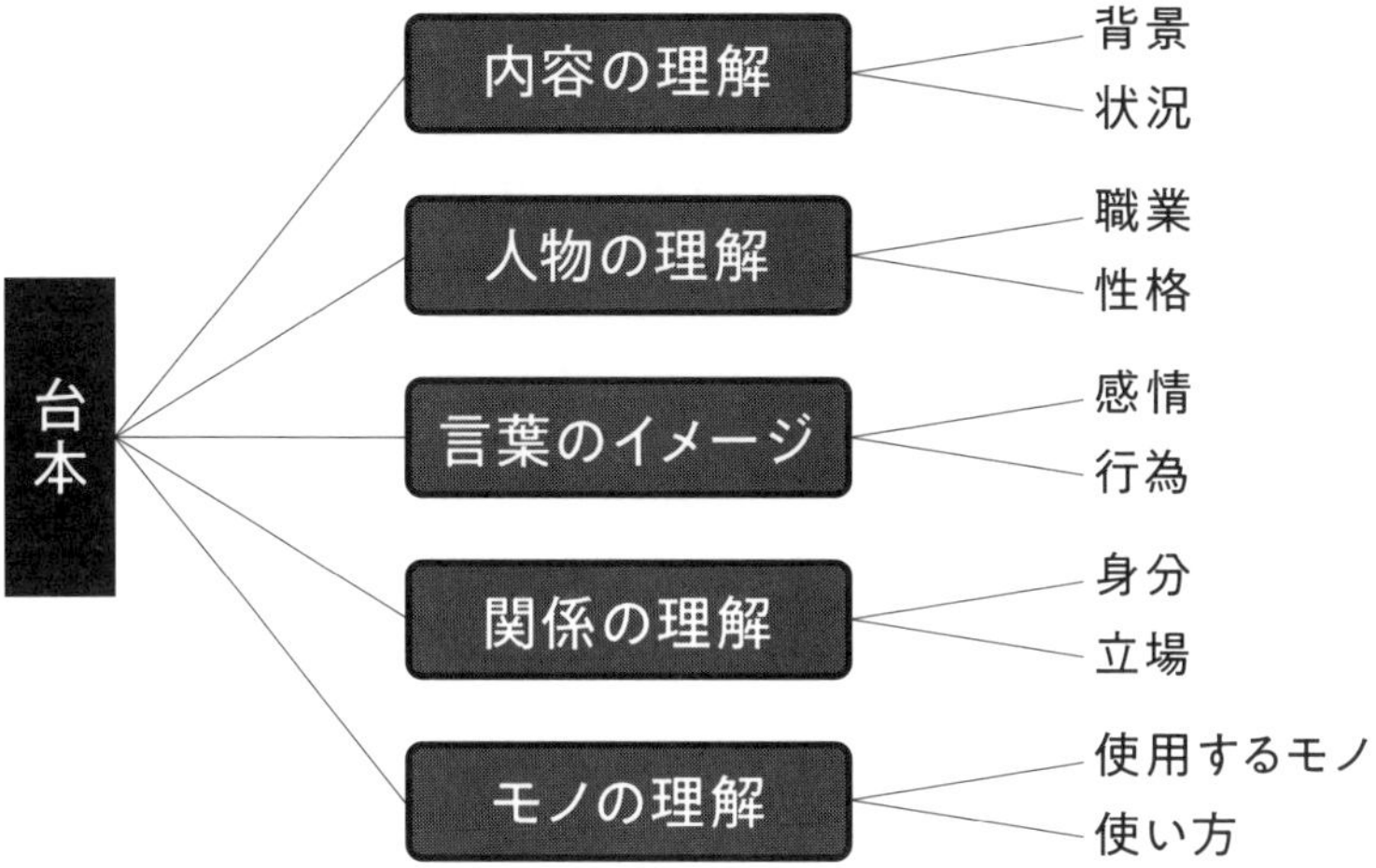

大きい人」のことを「器量のある人」と呼びます。つまり、器量人とは、器の中身が豊富な人のことを指すのです。欧米では、「サイズ」「スケール」といいますが、俳優がそうであるようにビジネスのシーンでも、この「サイズ」＝「スケール」の大きさが求められてきています。

ところで、五観書のはじまりの第一の「ＫＡＮ」である「勘」は、役づくりのすべてのはじまりが「理解」にあることを意味していることにもなります。そしてこの「理解」は、器の中身である「人間力」のなかでも、最も大きな力を示すものだといわれています。

脳で理解された情報が「感情」となります。さらに「感情」が相手に情報を伝えたいという「意思」へと変わり、「言葉」が生み出されます。こうした段階を経て、第一の「勘」（理解）は、第二の「感」（想像）につながっていくのです。この「理解力」は、自分づくりの三大要素の一つです（図表5-5、図表5-6）。

次に、2番目の「役づくりの方程式」について説明しましょう。

「直感」「ひらめき」「感覚」は確かに俳優にとっては、魅力的なワードです。生まれながらの資質、素質（センス的側面）は、芸事において欠かせないものかもしれません。しかし、「何となく『直感』『ひらめき』でできてしまう」というような役づくりは、のちのち俳優を苦しめる結果になります。

次の式が成立するからです。

役づくりの方程式②

理念（イデア）＋展開（アクト）＝結果（リアル）

常に「直感」「ひらめき」「感覚」が通用するわけではないのです。では、どうしたらいいのか。大切なことは、普遍性を身につけることです。具体的にいえば、長く俳優という仕事を続けるための技術、それを習得するための考え方、理念を持つことです。技術習得のために大切なことは、すぐさま答えを導く能率的な方法論ではなく、あらゆる角度から役を検証し、結果を導く合理的な役づくりを目指すことが肝要です（図表5-7）。

図表 5-7

蛇足ながら、おまけの4コマ

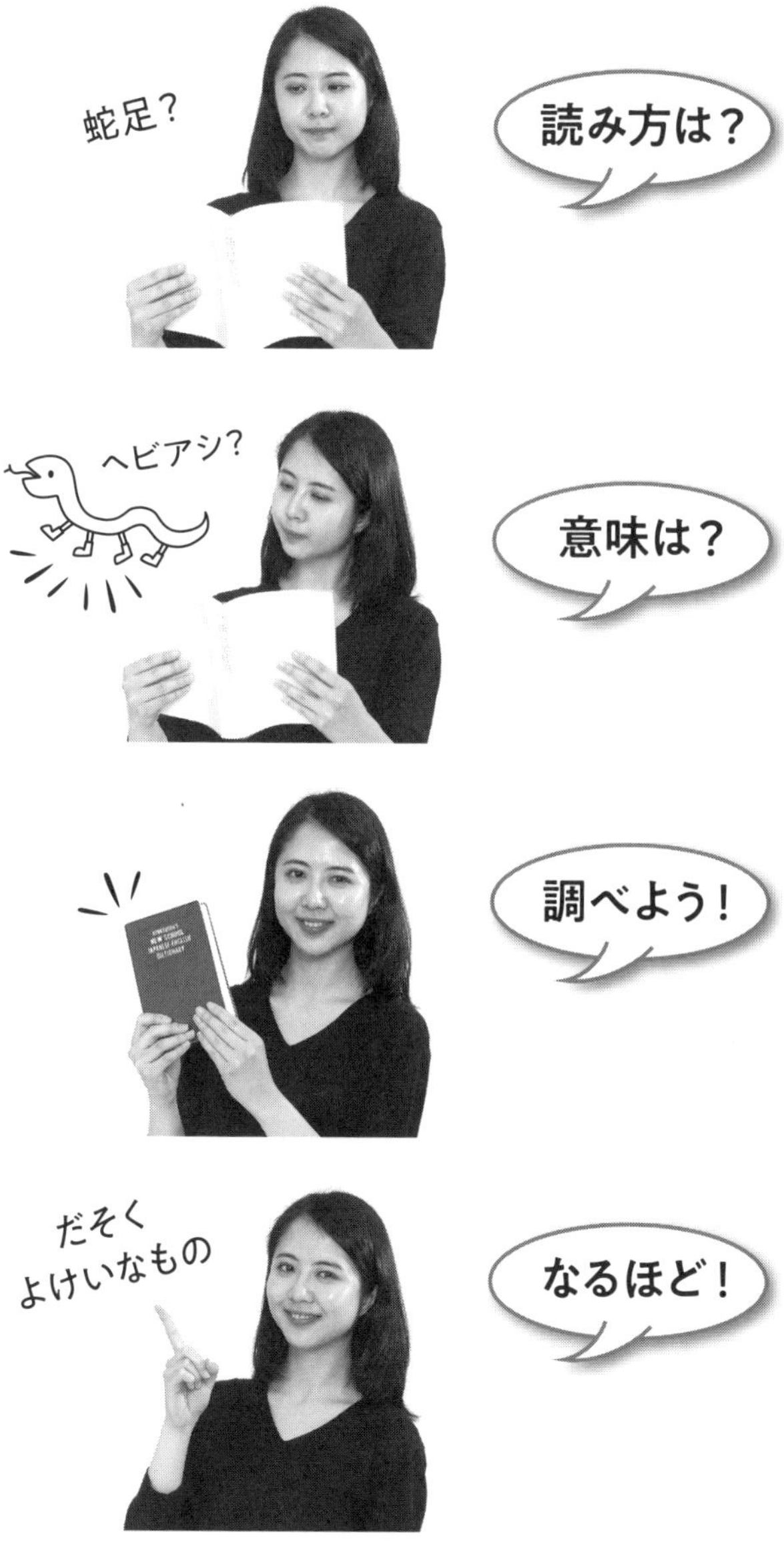
蛇足?
読み方は?
ヘビアシ?
意味は?
調べよう!
だそく
よけいなもの
なるほど!

Column
心をつくる言葉

人間の器は、その人間が進んで受ける責任の重さによって測ることができる。

哲学者　ラルフ・ワルド・エマソン

企業の経営者や責任の重いポジションにある人は、人間としての器を成長させながら、人に喜んでもらえる商品やサービスをつくり、たくさんの人を助けることで、世の中に「貢献する」使命がある。

MEMO

その弐 「感」〈受信力〉

「感じる力＝感受性」を育てよう

人は大事なことを感じるためには、その情報をキャッチすることが必要です。そのために五感と思考を使って感じるための情報を集めます。感受性を高めるためには日常の生活において、「しっかりとモノの本質を見極める力」「観察する力」を意識することが大切です。

しっかりとモノを見ることや聴くことは、感じる力を高める早道になるのです。日常から人間だけに与えられた力、「五感」と「思考」をフルに使うようにしましょう。

さらに、３番目の「役づくりの方程式」についても説明していくことにします。

役づくりの方程式③

情報＝収集＝感情

俳優の仕事はすべて「つくる」ことです。日常、感情は無意識に生み出されます。俳優はそうした環境を意識的につくり出さなければいけません。俳優を目指す人たちに「感情とは何ですか」と質問すると、「自

図表 5-8

分の中からわきあがってくるもの」と答えが返ってくることがあります。これは大きな誤解で、人と人とが触れ合ったり、つながったりするなかで生まれてくるものです。こうした触れ合いを通して感情は生まれるのです（図表 5-8）。

また、感情は実は息を吸ったり、吐いたりする行動に表れます。心当たりがあるかもしれませんが緊張したり、苦手な人と話をしているときに、息が荒くなったり、呼吸が乱れたことはありませんか。

逆に好きな人や気を許せる人と話をしているときの息は、穏やかになっていませんか。感情が息を吸ったり、吐いたりする行動と連動していることがわかると思います。

この感覚をつかめれば、ウソのない演技のテクニックを身につけるために、「息で感情をつくるレッスン」を繰り返し行うことが必要である理由がわかると思います。情報をキャッチするアンテナの役割を果たすのが五感なのです。ぜひ、アンテナをしっ

図表 5-9

息で感情をつくるエモーション訓練

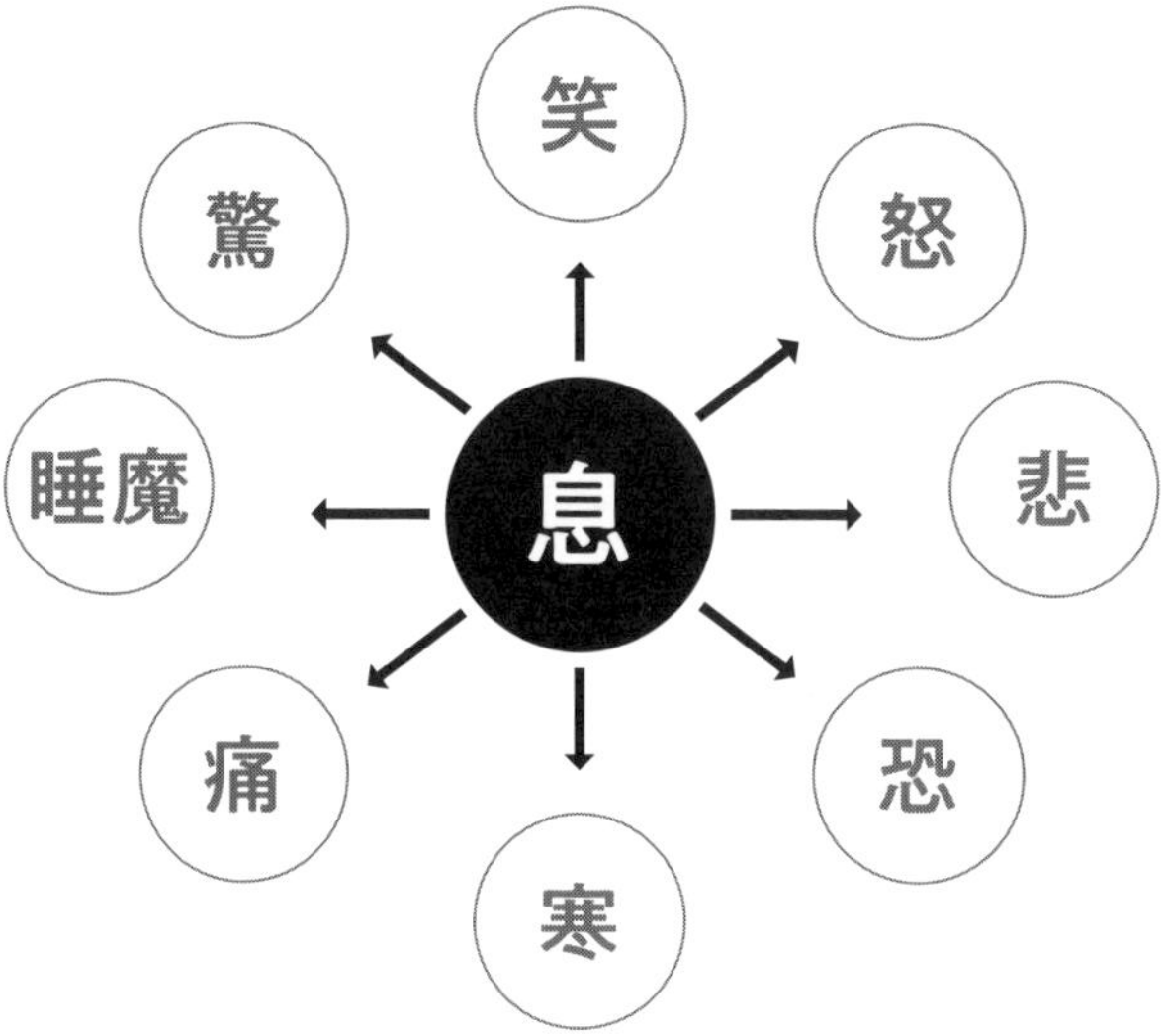

かり立てておきましょう。

息を使ってわきあがる感情を表現してみましょう。息を自在に操れるようになることで、感情をコントロールできるようになります（図表5-9）。もし、苦手な感情表現がある場合は、回数を重ねてレッスンをしてみてください。そうすることで、苦手意識は克服できるようになります。

役の呼吸（息）を自分のものにする

心に抱く感情は、一人ひとりが違います。感情はその人をつくりあげているすべてであり、その人そのものです。ましてや他者からその感情を借りることもできません。借りることができないとしたら、その感情を共有するために、どうすればいいのでしょうか。

その役の感情をしっかり理解し、自分の感情と想

図表 5-10

像力を使って役の感情と合わせることです。この感情を合わせることを「if ism」＝「ブレスマッチ（息合わせ）」といいます。つまり、仮定です。

「もし、私がこのような状況に置かれたら？」

というような相手の心持ちになって想像してみることです。

また、俳優は「演じる役の息」を手に入れて、はじめて「その人になりきれる」といわれています。ですから、役を演じたいなら、さまざまな息づかいを習得しなければなりません。その訓練法については「第三」の「管」でくわしく説明しますが、役の感情をつくるための想像力は、知識の積み重ねから生まれてくるものです。

「ゼロ」からでは想像は生まれてきません。想像力を高めるには、多くの経験や学習から得た知識が必要となります。第一の「勘」を磨くには、理解力と共に日常から「知る」「想う」を意識して過ごしていくことが俳優にとって大切です（図表 5-10）。

Column
心をつくる言葉

人生は犬ぞり隊に似ている。先頭にならない限り、見える景色は変わらない。

作家　ルイス・グリザード

特定分野のナンバーワンのポジションを獲得し、その業界の第一人者になることができれば、それまでとはまったく異なる世界が待っている。

MEMO

図表 5-11

その参 「管」〈表現力〉

魔法の使い手になろう

息は音をつくり、感情をつくり、言葉をつくり、人間をつくります。まさに俳優にとって魔法の道具です。多様な息づかいを習得して魔法の使い手を目指しましょう。具体的には、

「言葉」は「音」から成り、音は「息」から成るのです。

感情は息で表します。息に音をのせて言葉をつくります。感情にのせた言葉は、やがて「生きた言葉」になります。

息に音をのせて、言葉をつくる
（バイブレーションとベクトル）

息にのせる音は、まず響きに変え、喉の筋肉と舌をたくみに使って明瞭さを出します（図表5-11）。言葉のもとになる音は、「響き」がポイントとなります。ところで、4番目の役づくりの方程式は次のようになります。

役づくりの方程式④
響き＋明瞭さ＝言葉

言葉の目的は、自分の気持ちを第三者に伝えることです。そのためには、耳障りの良い音が求められます。耳障りの良い音とは、心地よい「響き」を持つ音です。そのために役者は、響きのある音を習得し、「第三者」すなわち、その対象となる1人から1000人に届く「響き」が必要となります。

また、その「響き」のある音は、「明瞭さ」も兼ね備える必要があります。明瞭な言葉は、言葉本来の意味を伝えるために、必要不可欠な音です。「響き」と「明瞭さ」を磨くための練習法を次に（図表5-12～5-21まで）紹介するので、実際に練習してみてください。

図表 5-12

響きのある音づくり

まずは座ってみましょう。

日本文化には
型があります。
姿勢や呼吸も
その型の一つです。
「管」の訓練の
スタートはまず、
座るということ！

左右の座骨と両肘の4点でグラウンディングし、土台をきずくことです。下半身の役割はあくまでも安定した土台形成にあります。座骨を中心に地面につながり、体幹を支える下半身を地球に委ねます。

上虚下実

演劇は虚実の間に存在するものです。目指すべきは下半身が充実し、上半身がリラックスした「上虚下実」です。生と死をつなぐ立ち姿と寝姿の間にある自然体を求めて、生きる人間をつくるためのゼロポイントとなる姿勢を探します。

椅子に座ってもOK。
長く続く自分の姿勢を
見つけましょう。

図表 5-13

声出し前のストレッチ

　声出しは、上半身を使っていろいろな音をつくるためのスタートとなるものです。下半身をしっかりと土台として固定し、上半身をリラックスした状態にします。

1 肩を回す

2 首を回す

❸ 手を前で組んで伸ばす

❹ 頭の上に体の側面を伸ばす

❺ わき腹を伸ばす

❻ 前屈は息を吐きながら

図表 5-14

呼吸法 ①

呼吸をつくる⇔息を感じる

肺と腹筋、そして横隔膜を
ポンプの役目とし、息を吸い込みます。
息は肺のタンクに蓄えます。

吐き出す息は言葉に変わるものと意識して、感じながら外に放出します。吐くというより吹くというイメージをもちます。

＜さまざまな呼吸＞

1 ⇒ Ⓢ ⇐ Ⓢ
スロー ツゥ スロー
ゆっくりと息を吸い、ゆっくりと息を吐く

2 ⇒ Ⓠ ⇐ Ⓢ
クイック ツゥ スロー
早く息を吸い、ゆっくりと息を吐く

3 ⇒ Ⓢ ⇐ Ⓠ
スロー ツゥ クイック
ゆっくりと息を吸い、早く息を吐く

4 ⇒ Ⓠ ⇐ Ⓠ
クイック ツゥ クイック
早く息を吸い、早く息を吐く

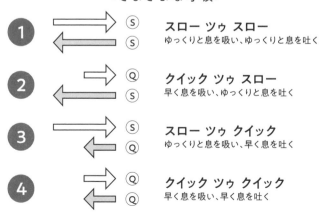

図表 5-15

呼吸法 ②

呼吸をつくる⇔息を閉じる

吸った息を外に放出せずに体の中に音として閉じ込めます。このときの音は、「ウ」と「ム」の間の音といわれています。ハミングの要領です。

息をゆっくりと吸い込みます。肺のタンクに空気を満タンにしてください。

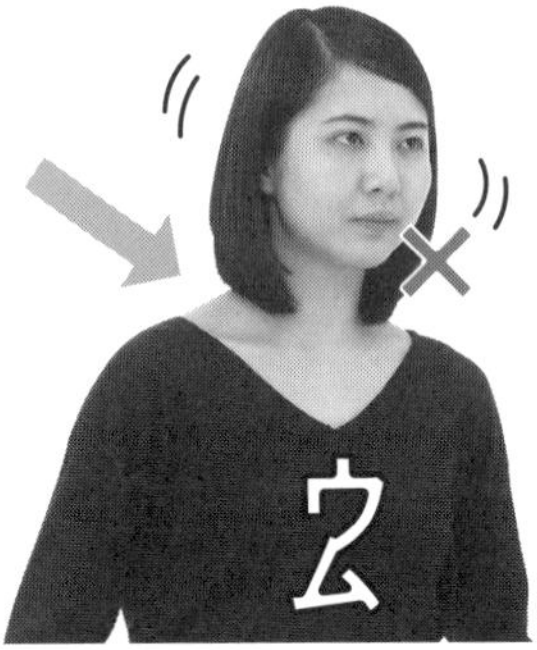

音を体の中に閉じ込めて、音を共鳴させることが目的です。

図表 5-16

呼吸法 ③

呼吸をつくる⇔息を開く

腹筋などの体の力はいりません。口を開くだけで響きを持った音が外に放出されます。これがバイブレーションボイスです。発声の音は「あ」です。

身体の中で共鳴させていた音を身体の外へ放出させます。十分に共鳴をさせてから行なってください。

図表 5-17

バイブレーションボイス

発声練習はもとより、これから言葉をつくるための基本的な音となります。この音は感情によって音階が変わりますから、まずはベースになる音をつくったら、キーを上げて発声練習を重ねてください。

図表 5-18

母音発声法

言葉をさまざまな息の長さで扱う訓練に入ります。指定されたカウントと回数にしたがって発声を繰り返します。

音の強さを一定にして、最後まで同じ量と勢いで息を吐けるようにしましょう。カウントの間に読点の表示があるのは、呼吸を途中でいったん止めて、再び続けるという意味です。コツは息つぎをしないことです。腹筋発声は、身体を仰向けに寝かせて離して行うようにしましょう。

バイブレーションボイスで発声練習

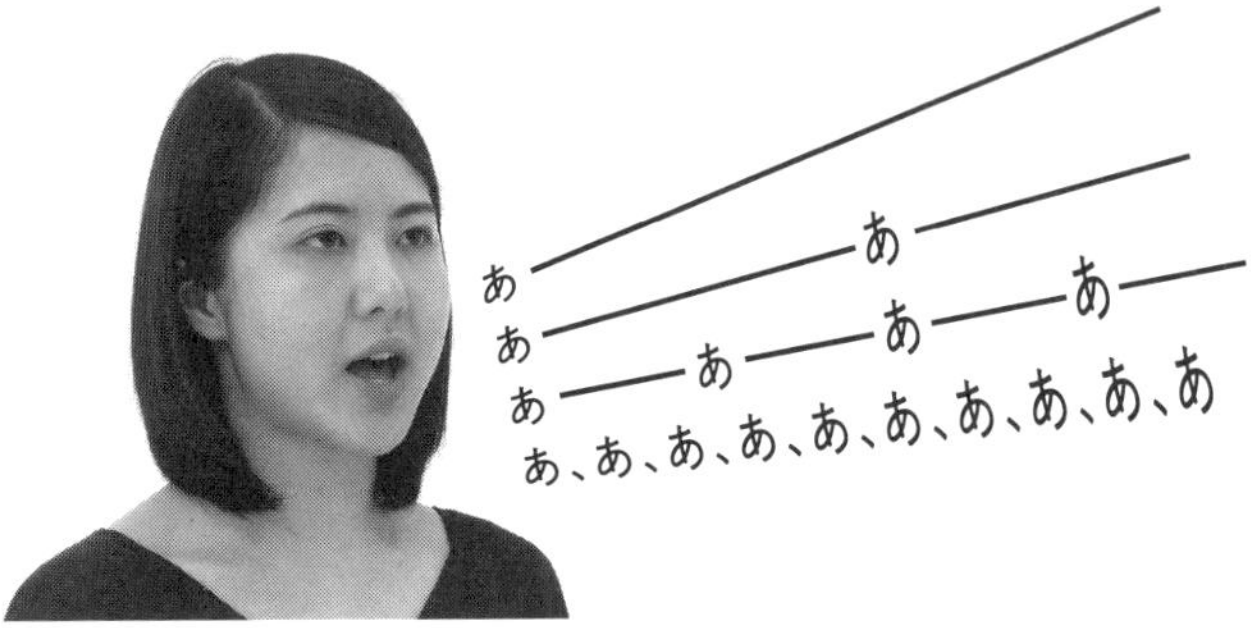

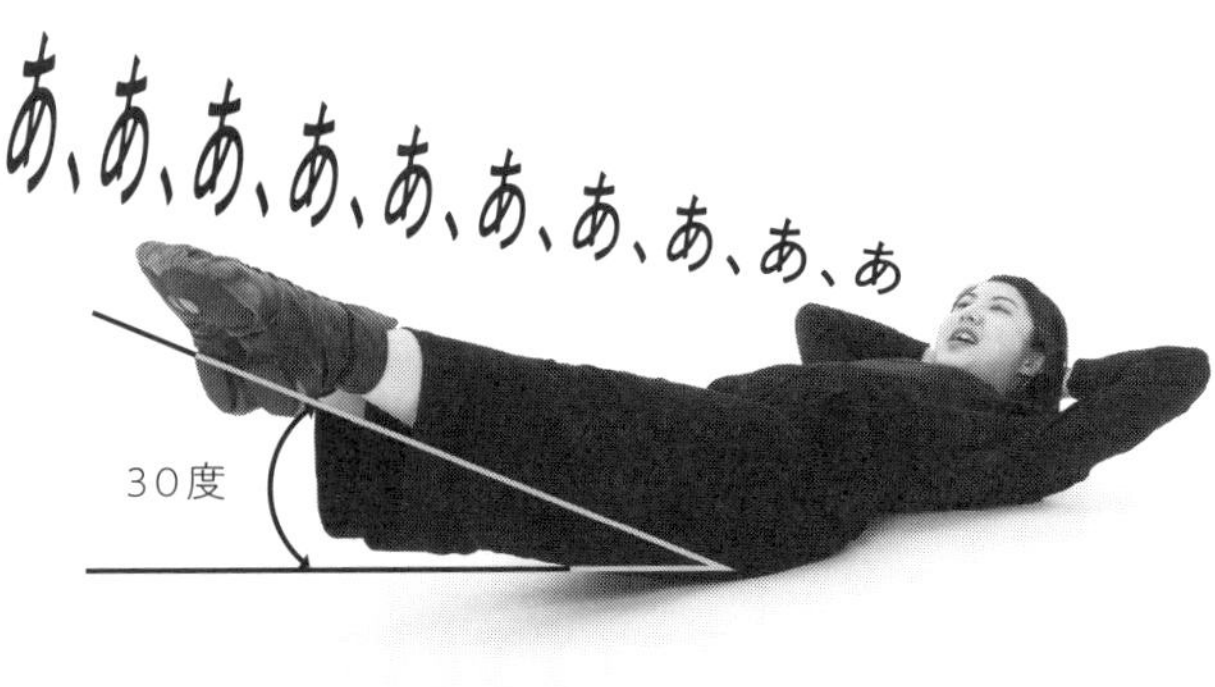

図表 5-19

五十音発声法①

言葉に、はっきりとした輪郭をつける訓練です。一音一音を切り離して、発声を繰り返すのがコツです。

言葉の基本は、あいうえお

五十音の基本になる「あいうえお」は母音で、特徴としては口や舌の動きが比較的なめらかで、やさしいことでしょう。その動きが複雑に変化するのが子音。ほかに鼻にかけた鼻濁音。「ぱ行」は破裂音。この組み合わせで言葉が生まれます。

図表 5-20

五十音発声法②

言葉に強弱をつけるための訓練です。

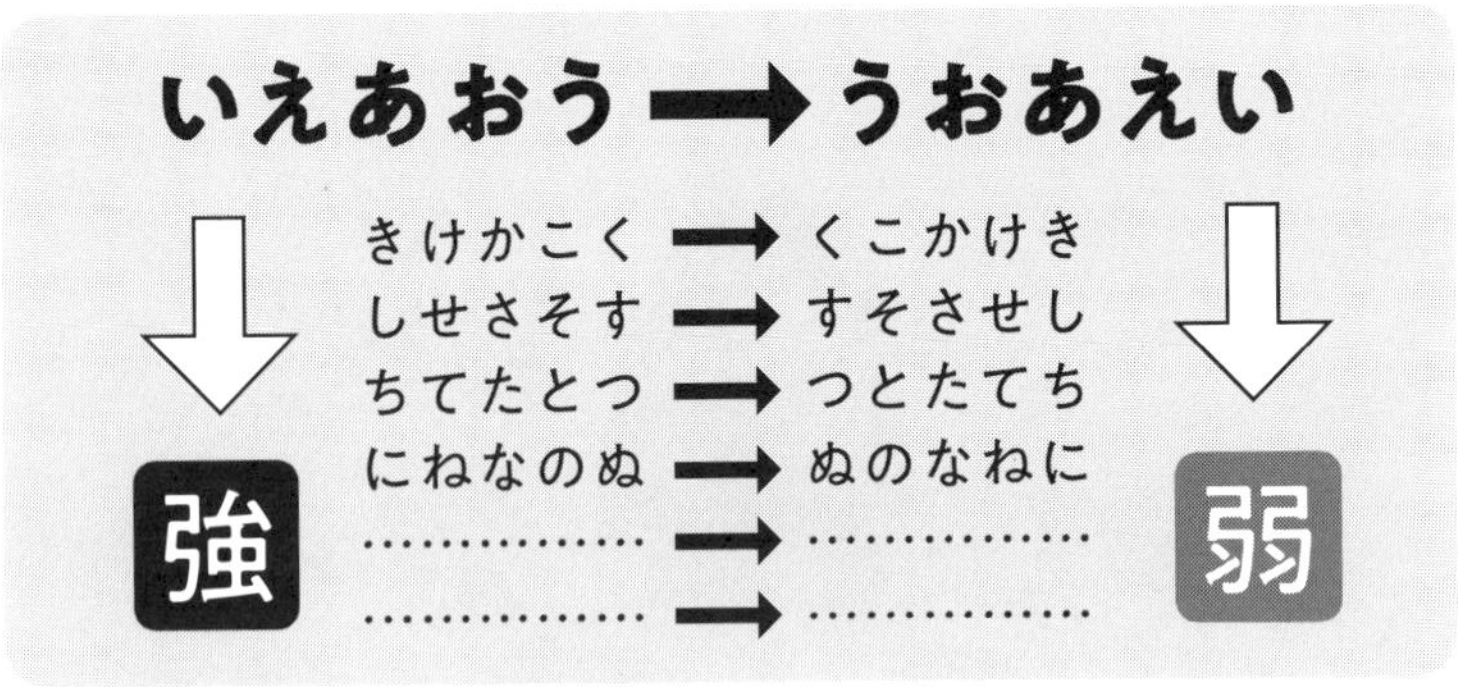

強弱は言葉のアクセントやイントネーション、リズムをつけるために不可欠なものですが、第5幕での訓練では息声《そくせい》を身につけることを目的としましょう。息声での強弱は言葉の大小とは違い、弱の音も「大きな感情表現の音」となります。

ウィスパー（ささやき・息漏れ声）は、感情（相手に思いを伝えたいという意思）はあるもののあえて声を押し殺して使う発声のことです。

音とその目的

大 ＝伝えたい相手が遠くにいる。伝えたい相手が多勢いる。

小 ＝周りの人たちに聴かれたくない。伝えたい相手が近くにいる。

強 ＝伝えたい感情の高揚。断固とした意思の強さ。

弱 ＝伝えたい感情の高揚を押さえながら最大の説得力を発揮する。

ウィスパー（ささやき）

ウィスパーとは感情が高ぶるゾーンに達したとき、自然と発声してしまう特別な音です。

図表 5-21

音の強弱の訓練法

まず、「強」の音は弓を引くように、離れた場所にある音を手前に力強く引き寄せるように発声しましょう。当然、息は強く吐いているのですが、イメージとしては、息を思いきり吸い込むように発声します。

身体のなかに吸い寄せた音を次に、弓を放つように前方に吐き出すと、うまくいきます。この吐き出された音が「弱」の音となります。波が寄せて返すイメージでもかまいません。「弱」の発声には決して力を加えないことが大切です。

強 ＝ 弓を引く力。意識の音。 { 力を込めて 息を吸うイメージ

弱 ＝ 弓を放つ力。無意識の音。 { 力を抜いて 息を吐く

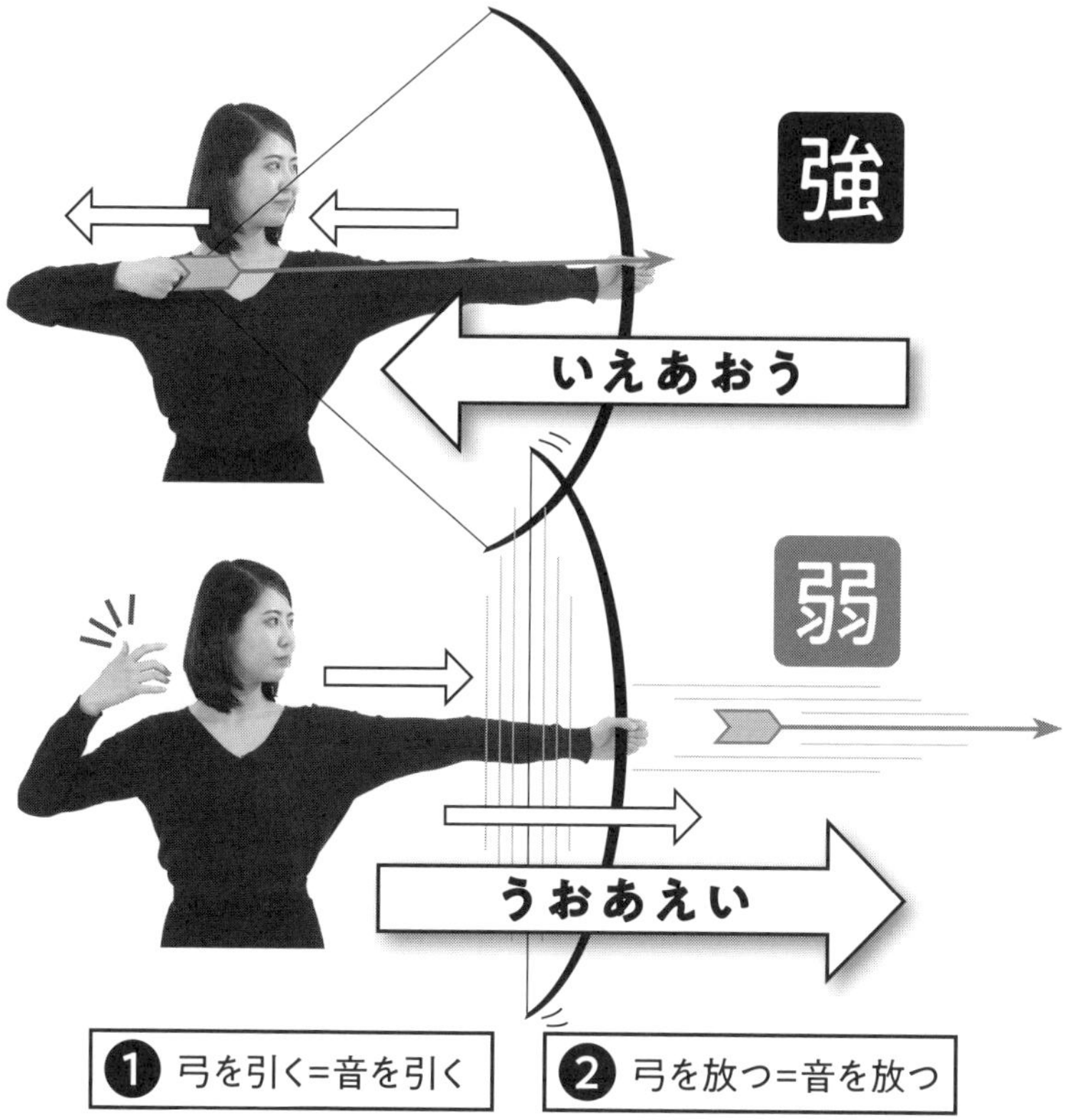

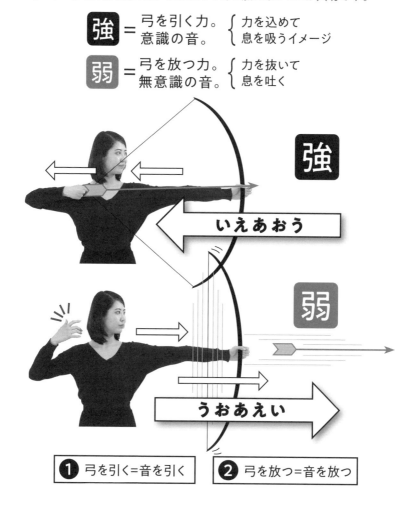

「理性の会話」と「リズムの会話」とは？

会話
＝
感情表現

①理性によって理解された言葉が返す言葉を生み出す。
②リズムによって投げられた言葉をそのリズムで投げ返す。

会話の訓練に入りましょう（図表5－22）。会話は昔から「キャッチボール」などとたとえられますが、これは言葉（意思）をしっかりと相手に伝えるということです。また、投げられた言葉をしっかりと受けとめることも重要です。

言葉を相手の心に
とどかせる
ひびかせる

図表 5-22

理性としての会話

リズムとしての会話

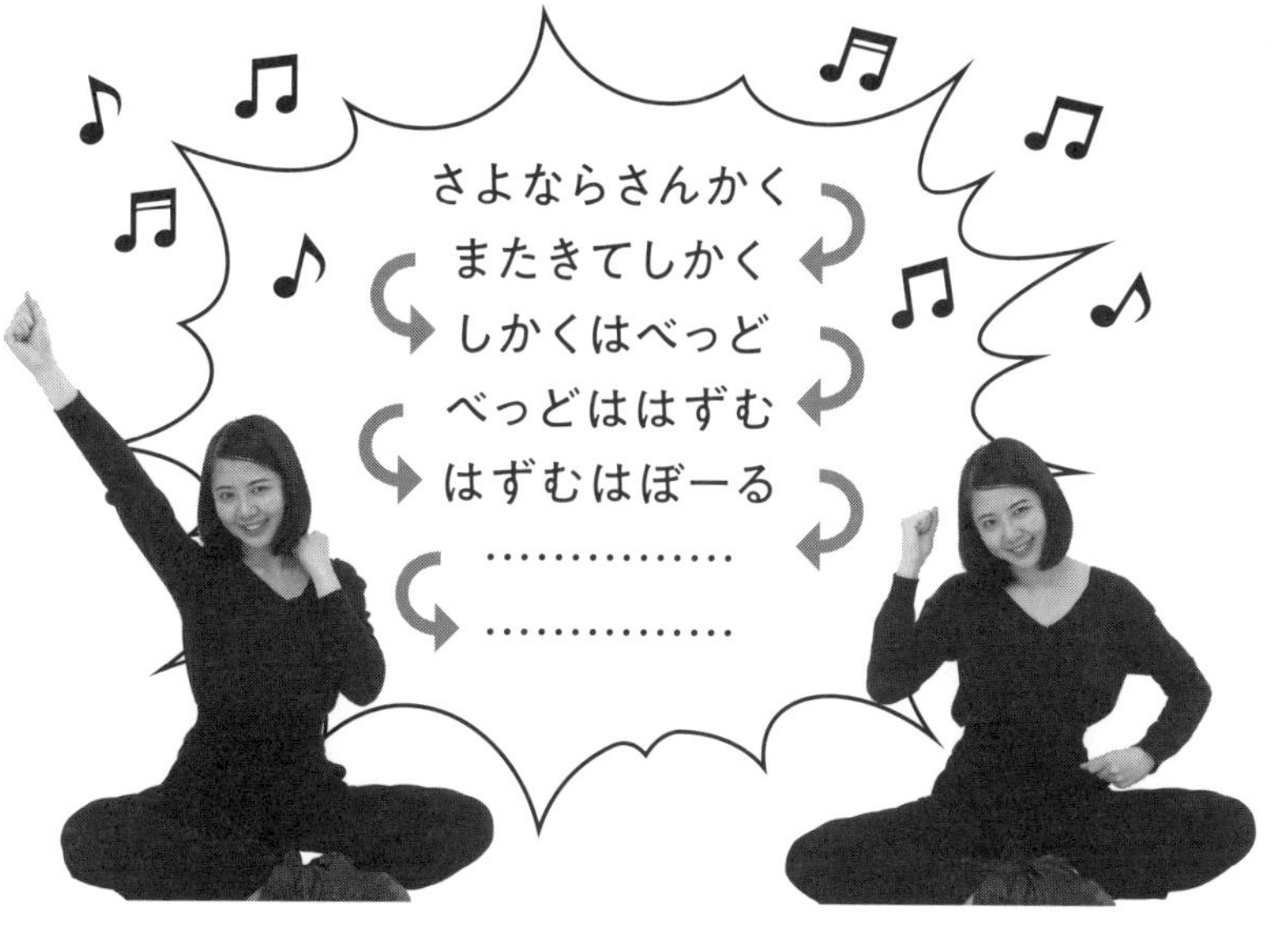

リズムにのった「言葉」、ビートに合わせた「言葉」

言葉には、強く音楽性が求められます。聞き心地の良い「言葉」を目指すために、言葉をリズミカルに発声することが必要です。テンポの良い言葉と早口言葉は同じものではありません。

テンポの良い言葉 ≠ 早口言葉

早口言葉は、「アップテンポ」と呼びます。テンポの良い言葉にはリズム感があり、躍動感があります。「言葉をスキップアップさせるイメージ」を持ちながら発声してみましょう。跳ねるような印象を相手に与える言葉を手に入れるためには、音の強弱をうまく使うことです。たとえば「すりはするなにをする……」といういい方をベースに練習するとしたら、その語頭にアクセントとして「強」の音を意識して出すようにしてみましょう。

✓すりはする　✓なにをする
✓するりする　✓うりをする

裏拍で発声すると、さらに躍動感が生まれます。「言葉あそび」をリードする人が、言葉のはじまりとリズムの切れのいい場所に、「それっ」とか「やっ」などの合いの手を入れるのも裏拍をとる方法です。楽しく元気に発声してみましょう。上体をリズムにのせて踊るように自由に動かしてみると良いでしょう。

「言葉にブレーキ」をかける訓練

ダメな俳優に対してダメ出しするときは、「芝居が流れる」「セリフが流れる」などといいます。では、「流れる」とはどういうことかといえば、感情の高揚とともに言葉が、息にのって走り出すことです。

さらに感情のアクセルを踏み続けると、言葉は暴走しはじめ、コントロールが不能となり、意味不明な音に変わり、目的を失います。このような状況を「流れる」といいます。

走り出した言葉をしっかりとコントロールし、再び「立たせる」ためには、言葉のブレーキが必要です。感情の抑止力にもつながる大事なテクニックです。

たとえばですが、「あめんぼ赤いな」と発声します。次の50音のカタカナ部分で、ブレーキをかけます。「ア／イ／ウ／エ／オ」と、一音一音はっきりと切り離して発声してみましょう。いったん息を止めてから「うき藻に小えびも泳いでる」と再び流れるように発声を戻します（図表5-23）。このような訓練を繰りかえしてみましょう。

図表 5-23

「語尾を消さない」訓練

日本語の多くの言葉は、語尾に肯定・否定の意がきます。そのため語尾まではっきりと発音することが重要です。これを「言葉あそび」といいます。

この言葉は、語尾の2文字のしりとりになっています（図表5-24）。具体的には、相手方と1行ずつ言葉の掛け合いをしています。発音は語尾の2文字にブレーキをかけて「言葉を立たせる」ことを強く意識してみましょう。

最終文が最初の言葉につながりますので、相手方とエンドレスに言葉を掛け合いながら練習することができます。

同時に、「言葉にさまざまな音をのせる訓練」もしてみましょう（図表5-25）。

図表 5-24

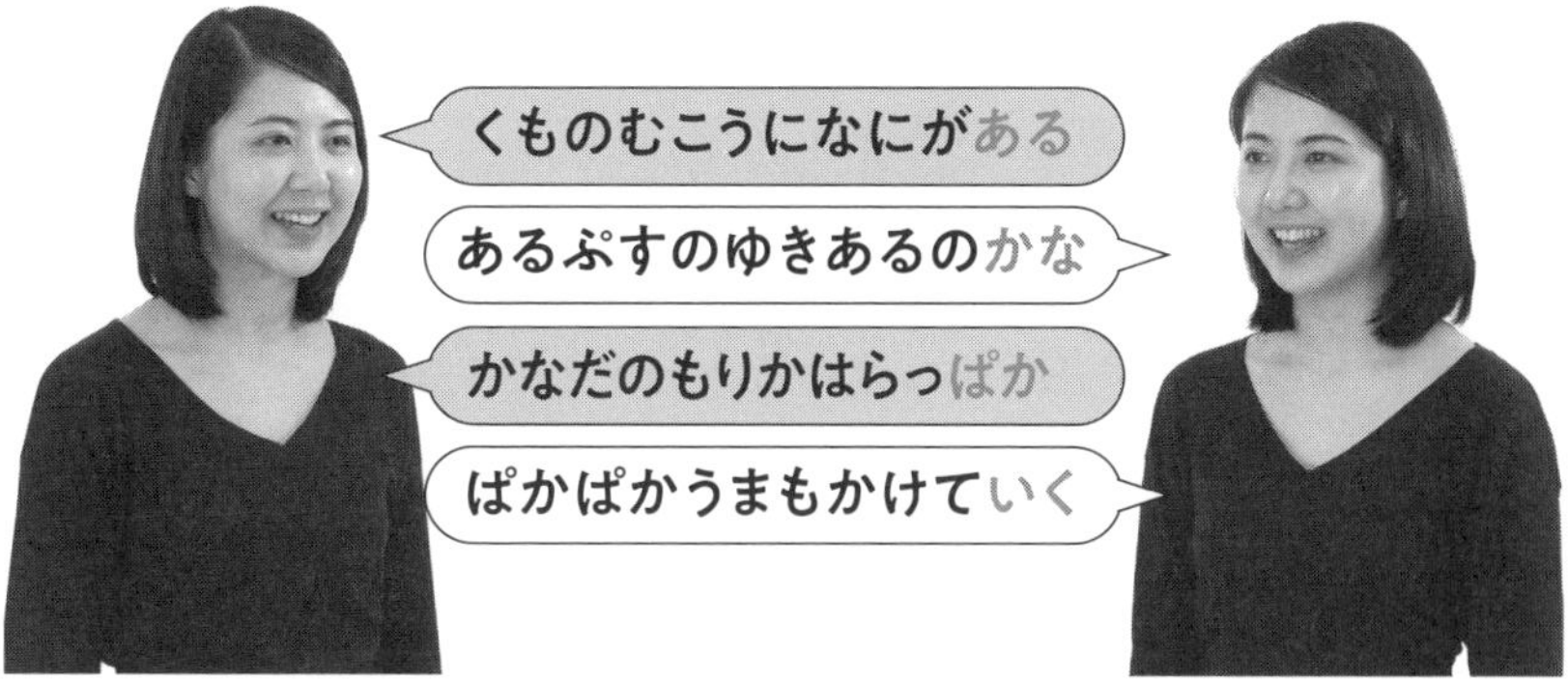

同様のテキストを使って、「セリフを食う」練習をしてみましょう。相手のセリフが終わる前に自分のセリフをはじめることを「セリフを食う」といいます。

図表 5-25

言葉にさまざまな音をのせる訓練

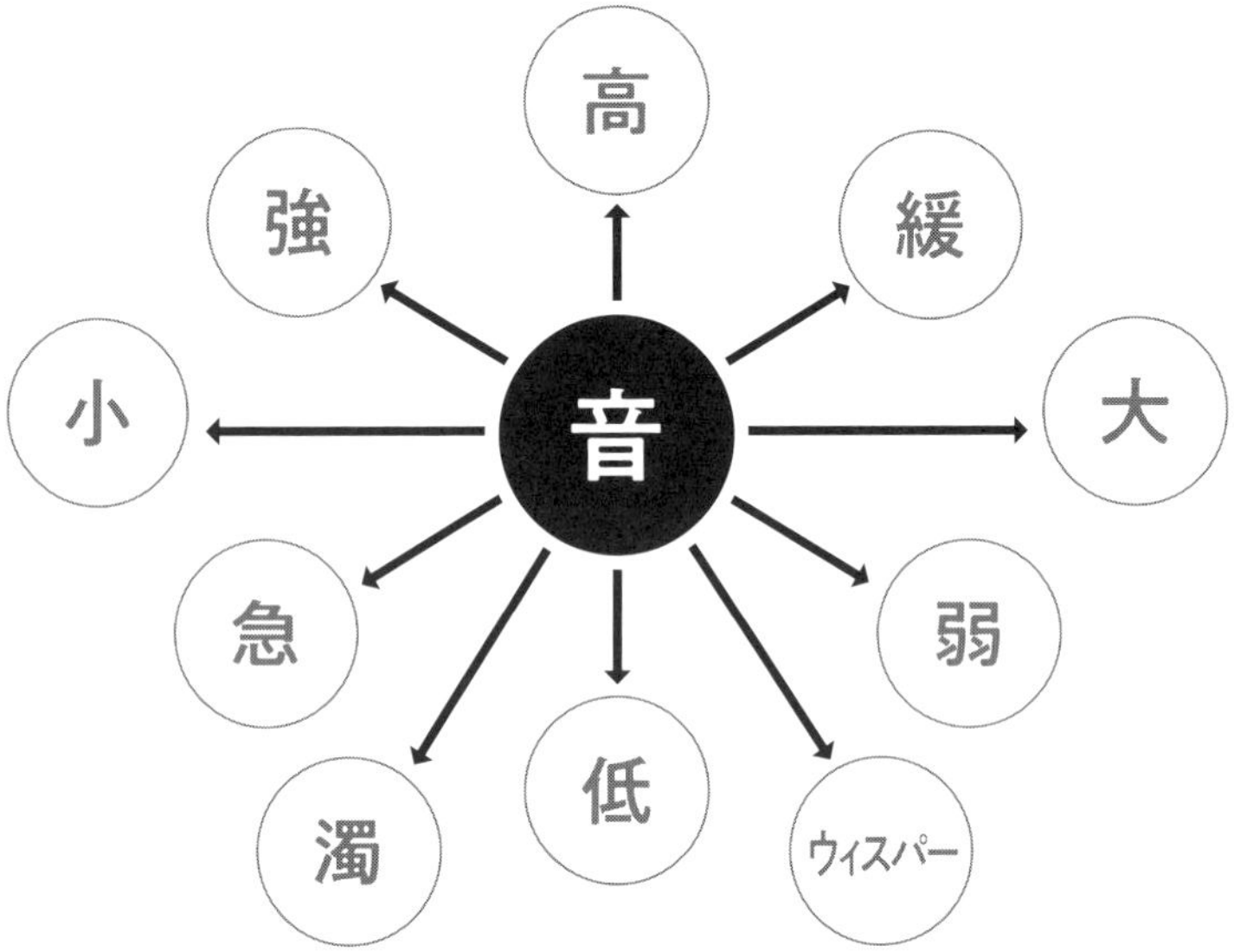

また、言葉に音をのせるとき「音に変化」をつけて発声の訓練をしてみましょう。

・ベースになる音を強弱だけで発声する。

・早い速度で発声する。

・遅い速度で発声する。

・濁音(喉をしめて)で発声する。

・高い音で発声する。

・低い音で発声する。

・ウィスパー(息声)で発声する。

・ベースにもどって発声する。

図表 5-26

拙者親方と申すは
御立会のうちに
ご存じのお方もござりましょうが
お江戸を立って二十里上方
相州小田原一色町をお過ぎなされて
青物町を登りへお出でなさるれば
欄干橋虎屋藤右衛門
只今は剃髪いたして
円斉と名のりまする
元朝より大晦日まで
お手に入れまする此の薬は
昔ちんの国の唐人

「セリフのかけ合い」の訓練

外郎売りのセリフを使って実践的な言葉のかけ合いの練習をしましょう。

図表5-26の「外郎売り」を参照して練習をします。先攻、後攻を決めて相手方とセリフの掛け合いをしてみましょう。

何人かのグループをつくって、セリフを回し読みすることもできます。外郎売りは音読でも言葉の力がつくテキストですが、暗唱することで、実践的な言葉の掛け合いを目指すことができます。相手方との「外郎売りバトル」は、ブレスマッチ（息合わせ）に最適の練習になります。

ぜひ、チャレンジしてください。

Column
心をつくる言葉

自分を破壊する一歩手前の負荷が自分を強くしてくれる。

哲学者　ニーチェ

どんなことであれ、限界ギリギリまで負荷をかけ、鍛えぬくことが自分自身の才能や能力を極限まで高め、本当の力を引き出してくれる。

MEMO

その四　「間」〈創造力〉

「自分」と「間」に生じるすべてに関係性をつくる

「間」の教えは、人間をつくることです。ここでいう人間とは、役（他者）のことを指します。役をつくるうえで大切なことは、「自分」と「その間」に生じるすべての関係性をつくることです。役のことだけを考えても役は誕生しません。「すべてのものの間に生じるもの」の正体が、「演劇」なのです。

「俳優」と「台本」の間
「俳優」と「役」の間
「俳優」と「自身」の間
「俳優」と「自然界」の間
「俳優」と「人間」の間
「俳優」と「人生」の間
「俳優」と「モノ」の間

＝演劇

間に生じるものに目を向けてみましょう。役づくりで最も必要なのは、自分づくりの3つの「KAN」「勘＝脳」「感＝心」「管＝からだ」の基礎力を働かせて説得力のある人物や言葉をつくり出すことです。

図表 5-27

役づくりの方程式⑤
理解力＋想像力＋表現力＝説得力

まずは、「役」と「自分」の間に生じる距離をしっかり検証します。そして、その距離を「理解力」と「想像力」をもちながら、少しずつ縮めていきます（図表 5-27）。

役を自分の「内」に取り入れる

俳優はさまざまな役のサイズを自分のサイズと合わせる「サイズ合わせ」を作品ごとに行わなければなりません（図表 5-28）。いかなる役も自分のサイズに合わせるには、俳優自身が大きな器を持ち合わせていなければダメです。

図表 5-28

サイズが合わない！
苦言！
役づくりの前に、まずは
自分づくりをしましょう。
基礎力＝自己力
理解力
想像力
表現力
理解
想像
表
現
基礎

なのです。栗田メソッドの理念は人間は息から生まれ、息を閉じることで生を終えるということです。五観書の教えにおいても、その訓練は息を感じるところからはじまります。

役づくりの方程⑥
自分づくり＋役づくり＝息づくり

役の科白はその役の呼吸の形であり、また感情でもあります。役を俳優自身の内に取り入れるためには、俳優自身の息を「役（他者）の息」に変える必要があります。役の科白を何度も反復し、役のリズム、呼吸、感情を自分のものにしていきます。

この作業を栗田メソッドでは「ブレスマッチ」と呼びます。この息合わせには、大きく3つの目的があります。まず、「演じる役との息合わせ」。そして「相手役との息合わせ」。楽曲が流れる場合には、「楽曲との息合わせ」です。

多種多様な息とその息づかいを「管」（管＝からだ）の訓練で取得してみましょう。

さまざまな息にさまざまな音を乗せて発声、発音を繰り返し、言葉をつくりあげるための基礎訓練法。

役づくりの方程式⑦

基礎力＋持続力＝生涯現役

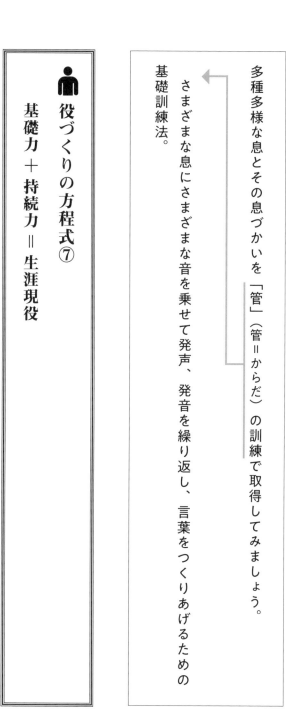

Column
心をつくる言葉

自分の顔には、自分の全人生がはっきりと表れます。だからこそ、自分の顔に誇りを持てるようになるべきなのです。

女優　ローレン・バコール

日々、どんな生き方をしているのか。どんな表情で生きているのかが、将来の顔をつくっていく。

MEMO

図表 5-29

その伍 「観」〈観察力〉

演劇には、純正な真実など一つも存在しない

「劇」をつくるための役の言葉、その役の行為、すなわち演技はあくまでもつくりものです。

つくりものである以上、そのつくり主は幕が下りるまで、責任をもってその役を観察していかなければなりません。たとえすべて（感情、思考、肉体）を役に明け渡し、主観が変転したとしても、自己の主観は消してはいけません。これを「主観の二分化」と呼びます（図表5-29）。主観同士の主導権の取り合いがはじまります。

主観を手にした役は、ときとして暴走をはじめます。この役の暴走を許さないためにも、もう一つの主観であるつくり主がしっかりと抑止力を発揮する必要があります。

あくまで演技の目的は観客の心を動かすことであるという認識を役の主観にもたせ、演じることの快感からときに覚醒させる離見の力を持ちましょう（図表5-30）。

主観の二分化は客観性と主観性を含んだものであると考えましょう。

図表 5-30

まとめ
「役の意味」は目的を達するための「役割」である。

俳優はアーティスト（芸術家）ではなく、アルチザン（職人的芸術家）であると考えましょう。

ですから感性、感覚だけでプロセミアムやフレームのなかに湧き上がる感情を思いついたまま描くのではなく、しっかりとした理念のもとに、物語とそのなかに生きる人間を設計して、作品をつくり出すことが大切になります。

そのためにも「自分づくり」と「役づくり」のために必要不可欠な道具づくりの訓練を日々、重ねていきましょう。演技をするための技法は道具なくしては、はじまりません。

第6幕

どんな仕事にも表現と演技力

自分経営を求められる、いまだからこそ

イギリスの子どもが学校の教科として「ドラマ」（演劇・芝居）を学んでいることをご存知でしょうか。国民の自治意識の向上、市民参加・政治参加の促進を目的として20世紀初め、1900年代からドラマの教育がはじまりました（くわしくは「終幕」参照）。演劇が国家や社会にもたらす成果について、『「対話する市民」の育成こそ民主主義を発展させる』がアメリカを含む先進国共通の認識になってきたのです。

英国式市民社会が、100年以上続いた香港では2019年、「逃亡犯条例改正」への反対をきっかけに「普通選挙」の要求を加えて、学生などが200万人規模のデモを繰り広げたのは記憶に新しいことです。市民参加や政治参加を通じて、個々人が身体を張って自分たちの権利を主張し、民主主義を発展させようとしているのですが、その意識が低めの日本人には遠く別世界の話かもしれません。

ところがです。「お上が何とかしてくれる」として、政治や社会の問題を他人ごとのように考えてきた日本人も、お任せ民主主義ではいられない時代に入ってきました。良いことも悪いことも含めて国境が消え、AIが人の能力を超えるかもしれない瀬戸際です。少子高齢社会となり国力が弱まる気配のもと、終身雇用も消えつつあり、自律（自分経営）を求められるいま、あなたは何を特技に、どんな仕事で生きていくのでしょうか。

私ごとですが、2006年から著名なジャーナリストの筑紫哲也さんと創設した『途中塾』を運営してきました。社会システムのチェンジに挑む学生や若い社会人が現場志向で学ぼうと集まり、その塾生たち

と学校教育にないプログラムを企画してきたものです。やがて国会議員をはじめ、ジャーナリスト、法曹、外交官や社会をリードする人材を輩出した小さな寺子屋ですが、そのなかで重視したのが「演劇的手法」です。グローバルでAIの時代にトップリーダーをめざすからこそ、高次に対話する力、表現する力が目標を実現する勝負のカギになると考えたのです。

第6幕では、塾生たちが砂岡誠さんや山口泰央さん（劇団ひまわり）から指導を受けた内容を念頭に、『仕事の役割と演劇的手法のかかわり』を分析し、まとめてみました。

代表的な11の仕事や職業を例にとりながら、求められる役割に対して、どんな表現や演技力が問われ、何が不足がちかを考えてみます。たとえば、ビジネスパーソンの営業職や医師やジャーナリストなど、異次元に思える仕事でも相手と向き合い、信頼関係をつくる基本は共通していることがわかります。どんな仕事でもさまざまな分野で働く人と向き合ってやりとりするでしょうから、相手と対面したときに理解するための方法の一つとして役立ててみてはいかがでしょうか。

仕事の役割と「表現力」「演技力」

仕事それぞれの役割に沿った表現力について考えてみる前に「表現力」とは何でしょうか。この本では

図表 6-1 表現力とは何か

「演劇手法」を軸足にしていますので、演出側からの視点で考えてみます。

表現力は「人間力」を支える一つですが、

①「理解力」を使って相手を自分の内側に取り込む。

②「想像力」を使って検証する（①と②で信頼関係を構築）。

③「表現力」を使って外部に発信する。

こととされます。栗田芳宏さん（第5幕）は「自分自身＝器」（基礎力）として上図のように「表現」を位置づけています。

仕事と表現のかかわりを説明するために「各仕事に共通の分析枠組み」をA、B、Cでつくってみました。

この枠組みにより、「表現力」は仕事の役割と達成をつなぐ重要な媒体であることがわかります。

A《役割認識》←基礎
B《観察・対話》←表現
C《目的の達成》←想像と理解（信頼関係）

そのうえで、「各仕事に求められている役割」を設定しながら表現のあり方をこれら《A役割認識》《B観察・対話》《C目的の達成》から考えてみましょう。

会社員（サラリーマン）

《役割》
①組織の中で、与えられた職務（役割）を果たし、評価と報酬を得る。
②組織を通じて、キャリアを研鑽しながら社会貢献する。

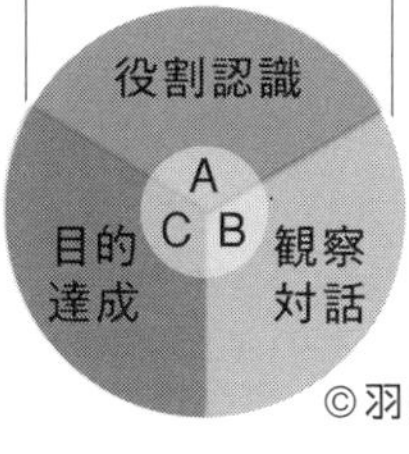

©羽田智恵子

ＡＩやロボットが進出する時代に入り、仕事を奪われる、あるいは代替する新たな仕事の創造に迫られるなど、働く社会人の中で直接的な影響を受ける典型かもしれません。

人にしかできない仕事の代表例として「コミュニケーション能力を求められるもの」がありますが、ＩＴ企業の代表でもあるグーグルでも、人が最先端でこなす仕事として「人と人との対話」を挙げているのですから、対話力の深堀りをどうするか、前提となる社会人の基礎力について考えてみましょう。経済産業省の「社会人基礎力に関する研究会―中間まとめ」によりますと、『社会人基礎力』とは、

(1)前に踏み出す力（アクション）
(2)考え抜く力（シンキング）
(3)チームで働く力（チームワーク）

の３つです。ここでは「サラリーマンの表現力と演技力」をテーマとしていますので、(3)のチームで働く力（チームワーク）をさらに絞り込むと、６つの要素で説明されています。

①発信力
②傾聴力
③柔軟性

④情報把握力
⑤規律性
⑥ストレスコントロール力

です。メインは①〜④の表現力と対話力です。

知人の中小企業社長からこんな話を聞きました。「時間があればゲームに熱中する社員がいて、ある種の中毒症状に近いかもしれません。何が問題かといえば、ゲーム以外に関心がないので、仕事につながる情報収集や同僚とのコミュニケーションが不足し、自己研鑽ができないことです」といいます（総務省の調査によると、週4回以上ゲームに熱中する人は30代以下が多く、6割以上）。

この事例だとAの役割認識が十分でなく、Bの観察や対話はむずかしく、Cの目的達成は遠い話になりそうですよね。さらには、②のキャリアを積んでいつか独立したいのであれば、その基盤づくりにもつながらないでしょう。

同じオフィス内にいながら背中合わせにメールで連絡を取り合う話は珍しくないようですが、ある有名な建築家の事務所では、「同僚間のメール禁止」がルールだそうです。コミュニケーションの技術は向上しましたが、人と向き合う能力の劣化は深刻な事態に近づいているのかもしれません。

加えて2020年春からの新型コロナウィルス対策は、会社員にも「ステイホーム」を要求し、この危機の後も多くの企業は経営合理化のため「テレワーク」を恒常化させるかもしれません。毎日パソコン相手に人がロボット化しないよう、ライブな対話を軸に働くことを願っています。

《プロフェッショナルの演劇手法① 仕事にどう演劇を活かすか》

★自動車産業マネージャー★

複数の軸と経験で自己表現する

児島《こじま》 剛《ごう》

熊本県生まれ。日系大手自動車部品会社欧州法人シニアマネジャー。大学卒業後、総合商社へ。大学院を修了しベンチャー教育機関、再び総合商社（在ベルギー）を経て、自動車産業の大変革に参戦を決意。日系大手自動車部品会社で次世代モビリティのコネクティッド（Connected）分野の事業開発と企業間連携を担当。ドイツ・ミュンヘン在住。一般社団法人途中塾理事。

◎強みは複数の軸をもち経験を変換する力

私は父の転勤や社宅移転などで、小学校5つに通いました。苦労ももちろんありましたが、新しい土地へ適応する力がつきました。この経験が、その後大きく活きてきます。

仕事をはじめてからは「複数の軸」を持つことを強く意識しました。これは労働市場のなかでの自分の「レア度」を組み合わせで高めることと、将来どの軸のバリュー（value）が突然消失するかがわからないからです。一つの軸で一生勝負できることはない、とどこかで思っていたかもしれません。努力で積み上げた力をもとに働く場を確保し、その場での経験を別の力に変換・更新してきたようなイメージでしょうか。

現在はドイツにある日系自動車部品会社でコネクティッド分野の事業開発に挑んでいます。新聞でも多く見かけるようになりましたが、自動車産業は大変革の時代に入っており、「通信などで車外とつながる」「自動運転」「保有から利用へ」「電気自動車」という方向性が語られています。その頭文字をつなげてＣＡＳＥといいますが、うち「つながる」というのがコネクティッドです。

これらの変革が実現した場合、これまでの自動車「製造業」の論理では勝てないといわれており、トヨタですら「モビリティカンパニーになる」と２０１８年10月に宣言しました。私はこの変革期に魅力を感じ、直接飛び込むことにしたわけです。

◎相手が誰だろうが一定の自分を表現できるかが勝負

新規事業開発では人との会話からストーリーがはじまります。既存のお客様相手であれば先人が積み重ねてきた文脈、人脈を使うことができますが、そうでない場合は初対面の一発勝負です。その際にものをいうのは「堂々と自分の意見を述べる」ことです。しかし、これはすぐにできるものではありません。

政治家が人前でとうとうと演説ができるのは、訓練の賜物。劇団の方々が異なる役柄を演じ分けられるのも偶然ではありません。私の場合は大学時代に劇団・劇場の裏方を務めており「表現者」の凄みを実感してきました。当時、テレビで見ない日はないほど有名な「女性お笑い芸人」が見事にジュリエットを演じられた場に居合わせたのは忘れられない記憶の一つです。

ビジネスの場合は、役柄を演じ分けるというより、自分の安定度を高めることが主眼になります。欧州大手食品会社（日本業界最大手と、ほぼ同じ規模）との会話をはじめた際は完全な飛び込みでした。過去のコンタクト実績なし、弊社側に同業の事業基盤と業界内での存在感なしの条件です。政府機関から連絡先を入手、コールドメール一本でアポを取りつけ、企画書のみを片手に一人で乗り込みました。

初対面（かつ仏語で）相手に語った内容は、市場の急変と協働した場合の勝ちシナリオの仮説。自信を見せられるかどうかが、すべてです。大学受験の小論文も振り返れば似たようなもの。正しいかどうかわからなくても自信を持って論理的に説明することが重要でした。

また、ビジネスの現場では、格に差がある（もしくはシンプルに役職に差がある）相手の方とでも話す必要が発生します。その場合も原則は同じで、「相手が誰であっても一定の自分」を表現できること。大学院やベンチャーでＶＩＰと多く交流した経験はここで活きました。格好をつけても（見映えを盛っても）、長期の信用にはつながりません。

相手と信頼関係をつくるには、自分の軸を持つことです。コミュニケーションは硬軟どちらも可能だと思いますが、軸を持ち、相手が理解してくれれば信頼につながります。相手によって対応を変えないこと、先方がしたい話をできるだけ聞くことも大事ですね。

あと、周囲が持っている印象、流布されている評判に左右されないことはとても大事です。人間関係において、ヒエラルキーや相手の状況（好調・不調）とは独立して、判断軸を自分個人のなかに持つことが基本だと考えています。これは途中塾の塾長である筑紫哲也先生から強く学びました。

◎「非連続のジャンプ」で進化し続けるのが流儀

振り返ると自分の強みを仕事のなかで別の強みに変換させてきた経験は貴重でしたが、これをいい換えると「適応と独自の進化」、もうひと言突っ込めば、「進化方向の自己選択」でしょうか。組織で働くには、お客様とのやり取りのうえで既存環境への適応は必須です。しかし、ただ適応して「金太郎飴の一つ」になってもそれはプロフェッショナルではなく、駒の一つ。

特に新規事業開発という仕事は「組織が生き延びる可能性のある新たな道」を示す必要があり、既存環境への適応だけでは足りません。生物と一緒で、自己が変異をまず起こし、弱ければ個体として滅びて終わり、強ければ種を代表して生き残るのが仕事です。

先ほど例に挙げたトヨタも、織物機械の会社が自動車をつくったことが、現在に結びついています。デジカメの普及後に生き残った富士フイルムと２０１２年に倒産したコダックの差もわかりやすいかもしれません。ユニクロは街の洋品店、ジャパネットたかたは街のカメラ屋をわずか一代で大企業に変貌させた良い例です。フランスで携帯電話会社や運送会社・広告代理店・ＥＶ用バッテリーの開発などを手がける巨大企業のボロレ社は、何と「紙巻きたばこの紙」製造から一代で変貌しました。

外部環境の急変に対応して新たな生存戦略を探す際、いままでの延長に正答はありません。陸地で生活していたとしても水中へ行く必要があるかもしれません。答えは「行った者と行かなかった者」の差を後から見るしかないのです。だから「非連続にジャンプ」する力が必要です。ジャンプの決断をするとき、もしくはジャンプを強いられるときに準備が１００％整っているかどうかはわかりません。

しかし、必要なときに斜め横に跳ぶことができ、次の環境への適応ができるまで生き延びるだけの力の蓄えがあることが肝心なのです。その力は前の環境で「独自に進化を進めておく」ことでしか準備できません。意図的な営みを経て実現させるのが、「非連続のジャンプ」です。

販売員（小売・サービス業）

《役割》

①来店する顧客に接客し、希望に沿い商品やサービスを提供して売上を向上させる。

②最前線で買い手の動向を探る（店頭での情報収集）。

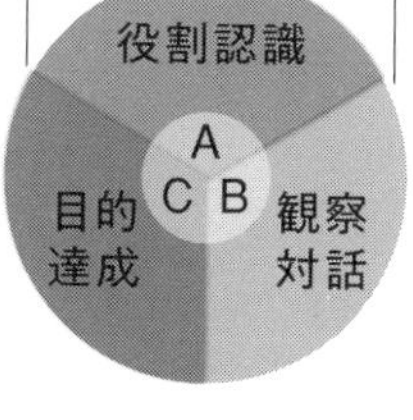

日常生活にコンビニエンスストアや通信販売の占める割合が高くなって、言葉をひと言も発せずに品物を買えるしくみが大半になりました。便利さの反面、孤独でさびしい光景です。コンビニ以外の店でも顔を上げないまま、形式的に「いらっしゃいませ」という店員が多いのですが、Bの観察も対話もできない点で、①が不十分となり、接客の仕方いかんで売上を向上させるチャンスを逃すことになりかねません。②もBの観察や対話がポイントのはずですが……。

販売員の役割は「来客を見極める観察」（B）が重要です。よく欧米でエレベーターに（少数で）乗り合わせたときに「ハロー」と声をかけられる場面がありますが、相手の反応いかんで警戒モードに切り替える確認発信といわれます。これまで治安に恵まれてきた日本人は日常、そこまでのセキュリティを考えていないようです。

経営者（会社・団体）

接客について役割（A）の訓練を受けている販売員は、来客の顔を見て言葉をかけ、そのタイミングや距離の取り方により来客に嫌がられないよう、品物を選ぶ余裕を提供しながら購入へ導くことは、専門知識とともに演技力が必要だろうと感じます。会話を交わす機会が減る一方の現代、昭和の時代の商店街を思い出させる集合店舗は「デパ地下」ですね。デパートの地階には生鮮食材や調理済みの加工食品、菓子や飲み物、パンなど、何百もの店舗ごとに店員が配置されて、店を移動するつど楽しく会話をしながら購入できるのです（店員からみると、Cの目的が達成される）。

顔なじみになると「いらっしゃいませ。毎度ありがとうございます」「今日は○○がオススメですよ。何になさいますか」。むずかしい説明なしの接遇で、①のために②の情報収集（B）が同時に行われているのでしょう。食材や調理の知識も豊富だし、希望に応じて秤にかけてくれたり、魚をさばいてくれたり、プレゼント用に包装もしてもらえ、デパ地下には「シャッター街」にはないコミュニティがイキイキと残されているので、稀少な憩いの場所かもしれません。

《役割》
①事業目標や業務分野を決める（目標、商品、技術、社会的貢献）
②資金配分と人材配置を決め、目標達成に向けてリーダーシップをとる。

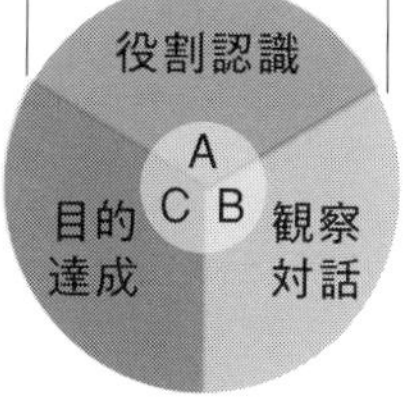

経営者といっても、ひとり会社から従業員が万人単位の大企業までとさまざまです。中小企業は「中小企業基本法」で業種ごとの規模が定義され（全体基準では、資本金または出資の総額が3億円以下、従業員数が300人以下）、大企業には定義がなく「中小企業以外」となっています。

中小企業の経営者は業種や経歴によって考え方や姿勢、経営手法が千差万別で、非上場が多い点では市場のルールに縛られません。そのときどきの発想で自在に指示や命令ができる弾力性があるため好きなように表現や演出ができますが、公開の社内ルールがないと、

①が不安定となる。
②の目標達成も不透明になりがちになる（AもBも不十分）。

他方、受け手の従業員から見ると、社長の朝令暮改に振り回されることがあり、意見や提案を自由に出し合えるかは社長が何を重視するかの社風によりますが、ボトムアップの提案を増やすには社員のやる気

を起こす表現……まずは肯定し、提案に耳を傾ける観察や対話（B）が重要です。そうでなく「俺の指示どおりにやってくれ」だけでは、会社が経営者の等身大以上に発展できず、時代の進展とともに委縮することになりかねないからです（Cの未到達）。

他方、大企業―特に上場企業（証券取引所で株式の売買ができる）の経営者は、内部統制組織やコーポレートガバナンスと呼ばれる企業の統治や監視のしくみに拘束され、情報開示の責任を担うので発言の慎重さを求められます。規模が大きくなるにしたがって自由な意見や提案の活用が、むずかしくなりそうです。日産自動車の前会長カルロス・ゴーンによる会社資金の私的流用・会社法違反容疑（特別背任）は、取締役会の形骸化とチェック機能の劣化を感じませんか。

とかく日本の企業は管理型が多く、型破りや規格外の社員を囲い込みたがる傾向にあるとされます。この話は、アメリカのディズニーやアップル、国際的コンサル会社や日本のソニーなど、世界を舞台に仕事をしてきた有数の実業家からも現場体験として伺いました。これらの創業者たちは自ら進化することを旗印に、「セルフイノベーション」を徹底して内側ではなく外海を見て仕事をするそうで、日本でも野生まではいかずとも、サファリパークぐらいの自由度をあげると、企業は伸びやかに成長すると。そういえば、漫画『進撃の巨人』（諫山創 作）は、巨人と人間の戦いを描いたものですが、「壁の外を見ることはタブー」の管理社会日本を強烈に皮肉ったものと理解すれば、実業家の話と根本は同じかもしれません。

私も会社経営を20年ほど経験し、反省することは多々ありますが、社長が外に関心を抱き続ければ、その関心をテーマに社内の誰とでも自由に会話ができて、アイデア出しを競い、会議も自分と違う角度の意見と議論することで活性化されそうです。あなたの会社はどんな雰囲気でしょうか。

《プロフェッショナルの演劇手法②　仕事にどう演劇を活かすか》

★ＮＰＯ法人代表★

人を助けたい思いで仲間をつくり社会に発信

藤田《ふじた》 孝典《たかのり》

茨城県生まれ。社会福祉士。ＮＰＯ法人ほっとプラス代表理事。反貧困ネットワーク埼玉代表。ブラック企業対策プロジェクト共同代表。聖学院大学客員准教授。２０１３年度厚生労働省社会保障審議会特別部会委員。代表的な著書に『下流老人』『続・下流老人』（朝日新書刊）『貧困世代』（現代新書刊）がある。

◎生きる目標は困っている人をいま、助けること

貧困やホームレス、非正規雇用などについて年間５００件の相談を受ける団体を主宰しています。社会構造によって大量に生まれた生活に困っている人を助けることが仕事です。きっかけは僕自身が就職氷河期世代で先輩たちが就職活動するなか、うつ病になったりと、生きにくい状況を見てきました。

大卒でも非正規雇用がたくさんいましたので、明日は我が身という認識をもっています。当時は学生でしたがホームレスの支援活動をしていると、ホームレスのおじさんと僕の将来がリンクして、いつおじさんの立場になってもおかしくないと実感しました。たまたま環境に恵まれていたので、おじさんたちの思いを代弁して社会に発信しながら、自分も当事者としてある種の責任感を感じながら取り組んでいます。

大学の頃、この課題をライフワークにしようとＮＰＯを立ち上げました。誰にも左右されず、自分がやりたいように動ける場所をつくり、発信していくことが生きがいです。一件一件、生活保護の申請に付き添ったり、借金の整理をしたり、病気の人を病院に連れていくとか、家族関係の仲を取りもったりとか……。

失敗もありますが、その人の状況を改善していく場面にたくさん出会いますので、そこにやりがいを感じています。いまは大勢の声を政治や社会の場に発信することで、「大事な活動だよね」と考える仲間や後輩が増えてきています。また、実際に政策も動いたりしますから（15年やってきて）ようやく自分の理想とする社会像が多くから受け入れられてきたと思えるようになりました。

◎首尾一貫して迷わず、仲間と語り合う

強みは頑固で首尾一貫しているところです。こうと決めたら周りを説得したり、仲間を増やしてまっすぐその道を進んでいきます。

積み上げ方は、納得してくれる仲間に多く出会い、動いてくれるように広がりをつくるということです。軸がないと仲間は増えないので、弁護士さんとか、お医者さん、議員さんとか、軸を揺らさず同じ方向を向いている方たちが増えてきて、仲間は強みです。

仲間の増やし方は、飲み会で話をしたり、密に交流したり、本音で語り合うことです。基本的には、コミュニケーションが必要なので、相手に合わせることが先決です。

もともと周りの人たちとコミュニケーションをとるのは苦ではないです。人見知りもしない。子どもからお年寄りまで誰と話しても抵抗感を感じることもないですしね。人との対話には、その人の背景とか、政治的なイデオロギーとか、社会関係とかは当然勉強します。当たり前ですが、事前の下調べが前提で、そのうえでコミュニケーションをとっていきます。

◎いざ勝負なら覚悟を決めてアジテーションする

「いざ勝負！」に出るのは、当事者の真剣な声を代弁する大きな局面のときです。昨年の例ですが、有名なファッション通販サイトを運営する一部上場企業と賃上げ交渉をしました。（当時の）社長が月に行くとか、１００万円を１００人にプレゼントする話で有名になったせいか、時給1000円で働いているシングルマザーや若者が僕のところにやって来ました。

その会社の倉庫では非正規雇用や派遣の人が2000人くらい働いているのですが、あんなに儲かって利益が上がっているのなら、自分たちの給料を上げてくださいよと。

そこで、僕は社長と幹部に宛てて、SNSを発信力に「給料を上げてくださいよ」と発言したのです。もし彼らが自分たちで声を上げたら、「お前たちはもう来なくていいよ」となりますから、僕が矢面に立って交渉するしかない。

役所との交渉もそうだし、比較的強い立場に対してモノをいうときには、覚悟を決めて勝負をかけることはよくあります。そのときの表現力とか演技力はまず、「アジテーション能力」です。そして発信するときは、「僕らの方に味方してください」と社会を味方につけることを忘れません。

◎世論を高めるには演技力がいる

2018年の10月くらいからツイッターで争って、翌年の5月半ばに話が決着しました。なんと、この6月から時給1000円を1300円に上げてくれたんですよ。時給300円のアップは月額にして5万円、年間60万円の賃上げになりました。

(当時の)社長も大した人で、ちゃんと向き合ってくれたことは高く評価し、感謝したいです。

会社側には無視できない社会的な圧力が起きたということでしょうが、他の労働組合も味方してくれて、「それだけ儲かっているのなら、なんで足元の労働者にお金を配らないの？」と世論が高まったのだと思います。あれは表現力というより「演技力」ですかね。「彼らは困っているのですよ。あなたがたはあんなにお金があるじゃないですか」といったわけで、そうするとみんなに「ホント、そうだよなぁ」と気づいてもらうアプローチになりました。

「演技力」発揮のためには準備をしました。相手方の財務諸表とか、有価証券報告書などを取り寄せて分析したら、余裕で賃上げできそうだ。時給1800円まで出せるんじゃないのか、となったのです。一つの企業で賃上げが実現すると、他の企業も人を奪われたくないから他の同じ産業、倉庫業でも給料が上がっているんですよね。「ZOZO賃上げ効果」と呼ばれています（この話はツイッターで公開しました）。

相手の状況をきちんと把握するためには相手を理解することに尽きると思いますね。交渉したり相対する場合は、幅広く社会の情報を得るように努力して、本を読んだり、人の話を聞いたり、対話することを意識してきました。相談者でも精神疾患を持つ人が多くて、統合失調症とは何か、知的障害とは何か、アルコール依存症はどんな病気かなど基礎知識は必要ですから。

たとえば、「うつ病」だと「頑張れ」といってはいけない。ひきこもりの人に「家から出るべきだ」といわないなど、コミュニケーションが遮断されないよう配慮をしています。

《プロフェッショナルの演劇手法③　仕事にどう演劇を活かすか》

★会社代表（戦略クリエーター）★

ビジネスの表現と演技は相手に本質を届ける手段

工藤《くどう》 英資《えいし》

東京生まれ。株式会社ベリースパイス代表。戦略クリエイター。大学卒業後、大手広告代理店に就職し、マーケティング、営業、経営政策、コンサルティング会社出向、クロスメディアプランニング、事業開発、クリエイティブなどの職種を歴任。2018年に起業し独立。

◎ロジカルな作業を経てひらめく

アイデアをカタチにする「現場の人間」でいつまでもい続けたいと、大手広告会社から独立しました。強みは右脳と左脳のバランスが良いことです。右脳はひらめき、左脳は論理的思考とつながっているといわれますが、「ロジカルにひらめく」ことを常に心がけています。良いアイデアは、多くの場合、「ビビビッ」とひらめくものですが、実はひらめきは無から生まれるのではなく、脳内でロジカルな作業を経てひらめくと考えています。

アイデアは洋服のコーディネートのようなもので、クローゼットが自分の頭のなかだとすれば、自分の記憶や経験が洋服のアイテムにあたるものです。TPOに応じてアイテムを自由に組み合わせるように、自分の人生のあらゆる知識や経験、感情を課題に応じてクリエイティブに組み合せて、アイデアはひらめくものです。

クローゼット内のアイテムを充実させ、いつでも引き出せるように整頓することや、TPOに合わせてどんな服装がふさわしいのか考えるのが「左脳＝ロジック」で、どんなアイテムを引っ張り出すか、どんなアイテム同士を組み合わせて新しいコーディネートを見出すか、これが「右脳＝クリエイティビティ」だと考えています。私の強み「右脳と左脳のバランス」を積み上げるには、脳内に多くのアイテムを取り揃えること、いつも同じコーディネートばかりでなく新しいコーディネートにチャレンジし続けることが重要だと思います。

アイデアが浮かばない。つまり、右脳と左脳のバランスが悪いときは、脳内クローゼットのアイテムが足りなかったり、いつもタンスを開けてすぐ目につくアイテムばかりを着ている。あるいはいつも同じ組み合わせばかりをしている状態だと思います。そんなときは新しいアイテムを入れたり、タンスの奥に埋もれたアイテムを引っ張り出したり、普段は絶対組み合わせないアイテム同士を組み合わせたりする作業が必要です。

◎エンターテインメントや体験が人を動かす

具体的には、左脳のためにやることとして、日々学び、体験し、知恵を蓄えるための活動を公私ともに怠らないこと。右脳のためにやることは、エンタメや芸術、趣味などを通じて感動し続けることと、いつも新しいことにチャレンジし続けることだと思います。

つまり、忙しさを理由に趣味やプライベートを楽しむことをサボらないことで、何をするにも遊び心を失わないことです。たとえば、いつも行く外出先にもちょっと違うルートで行ったり、飲み会を楽しく仕切ることだったりします。

また、大切なこととして、ビジネス書や指南書は「やり方」を教えてくれますが、「答え（アイデア）」は教えてくれません。答えは自分で探すもの、自力で考えるもので、ヒントはビジネス書よりも、芸術や小説にあります。旅やスポーツにもあると思います。なぜならエンターテインメントやリアルな体験こそが人の心を動かすからです。

◎表現と演技で本気度を伝える

ビジネスにおいて表現力・演技力は、「ものごとの本質を、最も相手に受け入れやすい方法で届けるための手段」だと思っています。当たり前ですが、演技とは本音を隠して何かを偽ったり、表現とは煙に巻いたりすることではありません。むしろ、生活者やクライアントが気づかなかった、商品やサービスの本質的な良さを伝える技法です。

私はプレゼンテーション講師をすることがあるのですが、緊張せずに流ちょうに話せるかといった手練手管は重要視していません。あがっても、挙動不審でもいいんです。それより相手に自分の本気度や熱意、どうしても伝えたい乾坤一擲《けんこんいってき》（運命をかけた大勝負）を相手の立場にたって誠実に伝えることを大切にしています。

プレゼンテーションは表現であり、演技です。伝えることは相手の心を動かすことです。自分の想いを伝えきるためにシナリオを考え、企画書などのツールをつくり、伝わるようにリハーサルをします。リハーサルをしないプレゼンテーションは、稽古をしないで本番に臨むお芝居のようなもので、リハーサルなしに相手の心を動かせるはずがありません。

「最高の出来栄えだったプレゼンテーションの苦心談」に関しては、最高でも、最低でもいつも苦心しています。苦心するポイントは、相手が受け入れやすい「話の切り口」を見つけ出すことです。客観的なデータを重視する相手もいれば、少数意見でもリアルな実感やコメントを重視する相手もいます。ただ、最近はデータよりもリアルなコメントを重視するクライアントが多い気がします。

また、最近はＷＥＢを活用した「リモートプレゼン」が増えてきました。リアルだと「場の雰囲気」に合わせることが多いのですが、オンラインでは自分から積極的に雰囲気をつくる方がうまくいく気がします。リモートでの伝え方は、今後もしばらく苦心しそうです。

◎相手に向けたスキルとアイデアが信頼関係を生む

信頼関係を築くためには、相手の行動を促すこと。仕事はついつい「自分が何をしたいか」「何ができるか」という観点になりがちですが、人と人との関係は相手あってのものです。

私はクライアントやその先の生活者が「どんな行動を起こしてくれるか」のために自分のやるべきことを考えるように心がけています。顧客は私がやりたいことを買うのではなく、顧客が「それをやりたい」とか「欲しい」と感じたものにお金を払うということを忘れるとうまくいかないことが多いです。

たとえば、新卒採用や中途採用の面接で、自己アピールで自分の長所をひたすら話す方がいますが、企業は「自社へのお役立ちポイント」をアピールして欲しいはずです。採用という行動を促すのであれば、相手が必要としているところや、受け入れたくなる人物像を探りながら合致する自分の特徴をアピールするという感じです。

普段、私が仕事をしているときも、なるべく「私と仕事をすることで、相手はその後どういった行動に移せるか」を達成目標として人と接しています。相手のために自分のスキルを活かしたり、アイデアを提案する。そういったことの積み重ねが信頼関係を築けるのかな、と信じて日々やっています。

教師（小学校〜大学）

《役割》
①将来に向けて社会人として必要な基礎学力を指導する。
②生徒が希望する「職業選択」や「得意分野の発見と能力向上」をサポートする。

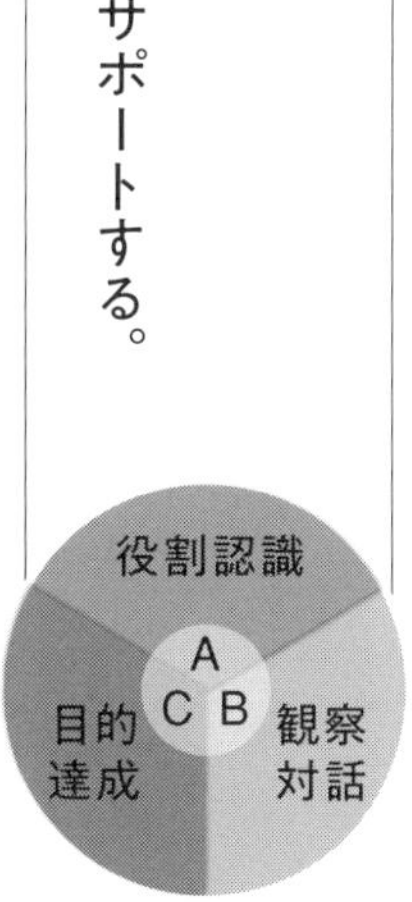

「先生」と呼ばれる典型的な職業の一つですが、医者や弁護士、政治家などと違い、自分を敬称で「先生」と名乗る人が多い意味で、「職業・先生」の「教える専門職」です。

ＡＩやロボットの進出によって生徒や学生に求められる能力が変わりつつあり、①の基礎学力が旧態依然では変化に対応できなくなってきました（Ａの役割変更）。教師が壇上に立ち、生徒や学生同志が議論することなく一方通行で「正解」を伝授するスタイルは、問題解決に向けて考える、議論する、伝えるなどＢの能力向上がむずかしく、社会の動きにも沿えなくなってきたことを、生徒や親や教師自身も感じています。「私は教える人、君たちは黙って教わる人」の伝統的な師弟関係が問い直されてきたといえます。

人を育てる手法が「教育」から「共育」へと望まれ、双方向で課題を語り合い、個別のコミュニケーションを通じてお互いを高め合うことに軸足が変わってきました。昭和の時代から長い間標準化された画一的な授業やテストや宿題が教師と生徒・学生の「支配関係」をつくってきましたが、学校を出たあと社会人の仕事に正解や標準化はなく、自ら考える人材へと誘導する教育にモデルチェンジしないと指示待ち人間ばかりが増えて、Cのゴールにたどり着けないのです。

①との関係では、教師自身の活動領域が狭く限定的でありがちなため、社会が変化し続けるなか、しかもグローバルな対応には困難な課題が多く存在します。

どういうことかといいますと、日本は大学でも社会の変化に対応できる教育が必ずしもできておらず、「中学・高校からつなぎ目の接続」が必要とされています（大学生白書２０１８）。

しかるに、日本の教師（中学）は世界48カ国中、最も多忙で、授業や部活、事務仕事で手いっぱいとされ、社会の急激な変化に対応する余裕がないのです（ＯＥＣＤによる調査・２０１９）。

これについては中央教育審議会の諮問でも、「教育・学校・教師のあり方」として「学びの変化に応じた資格・能力を有する教師」を望み、「学校以外で勤務した経歴や専門的な知識・技能を有する人材」を活用推進したい旨を述べています。

いままでの教員免許にかかわらず、広く社会を知る専門家が個別対応できるように、ＢとＣの観察や問いかけ、理解と共感、信頼関係を築いたうえで教科学習も進めていけるように視点の変更が重要です。教室という箱に限定しないフィールドで、教師が社会の現場能力を高め、俳優になる、演出家になる思いで教育現場に演技を入れて子どもや若者をリードすれば、学びはどんなにおもしろく活性化することでしょうか。

医師（臨床医）

《役割》
①症状を正確に把握し、原因を探って診断する。
②症状に合わせた治療や手術をし、健康を回復させる。

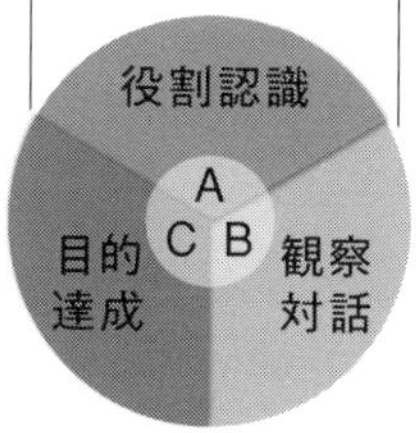

医師は患者の心身の生命を守るために予防から施術、予後の観察に至る医療を施す職業で、常に情報の真実に基づいて治療方針を決め、難病やがんの末期など「悪い知らせ」を伝えるには、Aを基礎として患者と真正面から向き合い、Bの観察・対話・説得が慎重に求められます。

知人の医師によると、治療方針を決めるには「信頼関係」を大事にして必ず本人と家族が一緒のときに伝えるとのこと。患者は精神を集中して医者の全人格を観ており、医師の一言一句で大きな脅威を感じるため、言葉遣いや表情は極めて重要との話でした。

患者の家庭的、社会的環境や影響力、心理状況などを注意深く観察したり、情報収集したりで、理解と共感を得ながら信頼関係をつくって、治療方針を患者本人に選択してもらうのがあるべき理想です。

この場合、医師は患者から信頼できるかどうかを見定められるので、いつ、どれほどの時間をかけて（落ち着いた場所として)、どこで、どんな雰囲気で、どんな服装がいいのかまで姿勢として問われているそうで、医師による観察同様、患者からも丸裸の医師を観察されている覚悟が必要ということでしょう。

昨年、10年ぶりに内臓中心にがん検診を受けました。結果が出るまでに20日ほどかかりましたが、結果を聞くことが何と怖いことか。精密に検査されたデータですから、そこに医師の「さじ加減」はありません。「再検査を」とか、「ステージ○○です」と宣告されたらどうしようと、通知を受け取るまでビクビクしていましたので、医師の覚悟がよくわかった思いがします。

30年以上の親友が(アルツハイマー型)認知症になりました。定期的に通院していた病院の担当医が、「その気配はないので、当面様子を見ましょう」の期間が長びいた末でした。基本中の基本、①が見過ごされ、Bができていず、Cに至らずの典型に思え、医療過誤の可能性もありえます。

また、2018年8月、東京都の公立福生病院で腎臓病治療の人工透析を受けていた患者が治療の中止で死亡した事故は、心理的に不安定な患者の意思確認が不十分で、学会のガイドラインにも外れていたとされる事例です。しかし、生命を守るために医師と患者という強弱ある立場をどう補い合えるしくみをつくるかについて深刻な課題が残されたように思います。

医療にもAIが大きく携わりつつある昨今、パソコンに向き合いながら検査を指示し、薬の処方箋を機械的に出す医師はAについて大きな改善を要求され、AIで合理化される分、コミュニケーションを大事にする医師が尊重される時代が以前にも増して来ていると感じませんか。

ある女医さんから聞いた話ですが、マスクのまま受診する患者さんは顔色や表情がわからなくて困りますと。信頼関係あっての診断と治療なので、患者にも真摯な姿勢が求められるでしょう。

公務員（国家・地方）

《役割》
①国民の生命と財産の安全を守り、生活の向上を図るため、国家レベルの政策をつくり実現する（国家公務員）。
②住民生活の向上のため良好な生活環境をつくり、地域福祉の増進を図る（地方公務員）。

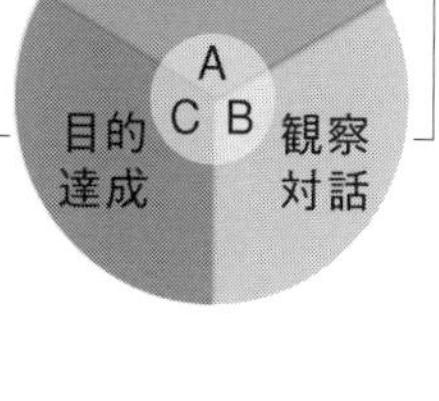

国家公務員、地方公務員とも、公共の利益のために働く全体の奉仕者なので、入省・入庁時、「日本国憲法を尊重し、全体の奉仕者として…」と服務の宣誓をしています。

しばらく前、自分が運営に関わる非営利の一般社団法人について近くの税務署（国の運営）に相談に行きました。質問に対して女性の職員は顔を別の方向に向けながら説明しましたので、思わず「私はあなたの目を見ながら質問しているのに、なぜ目を背けて応えるのでしょうか」と尋ねたら「考えながら答えているからです」とのこと。

①の役割に照らすと、Aの認識が不足し、Bの対話にも欠け、結果としてCの目的達成には不十分です。「全体の奉仕者」の基本姿勢が大きく欠けています。

２０１８年、財務官僚の忖度や決裁文書の破棄や書き換えなどが社会問題になりましたが、政治家との裏取引も疑われ、三権分立に疑問符がつきます。これもA、B、Cともに欠落しており、国民に対する説明の姿勢と伝達手段が劣化している典型かもしれません。

公務員は「全体の奉仕者」ですから、「個人」対「個人」の範疇《はんちゅう》にとどまらず大きな影響をおよぼすことは当然でしょう。相手の立ち位置を確認し、観察し、目的に沿う情報収集をし（B）、理解と共感を得ながら問題解決に至り（C）、それを決裁して予算や法律をつくり、公報で国民や住民に知らせることが役割。競争がなく、公務員法で身分が守られているので横柄になりがちですが、法令に基づく正確な言葉遣いはもちろんのこと、相手に誠実な姿勢で説明する意識を持ってほしいし、市民も疑問や要望を言葉に出して公僕を育て、サポートすることが必要ではないでしょうか。

外交官のように国を代表して諸外国と交渉する官僚は、「メラビアンの法則」も大事になりそうです。外交ルールがあるとはいえ、異文化間の交渉になるでしょうから、好意的な非言語コミュニケーションにのっとり、言語情報だけでなく、聴覚情報や視覚情報によって顔の表情や見た目、パフォーマンスがより重視される職業だろうと思います。

話の内容よりまずは見た目――「メラビアンの法則」

アルバート・メラビアン（米ＵＣＬＡ大学心理学者　１９７１年発表）による法則で、特に最初の「観察」

図表 6-2 アルバート・メラビアンの法則

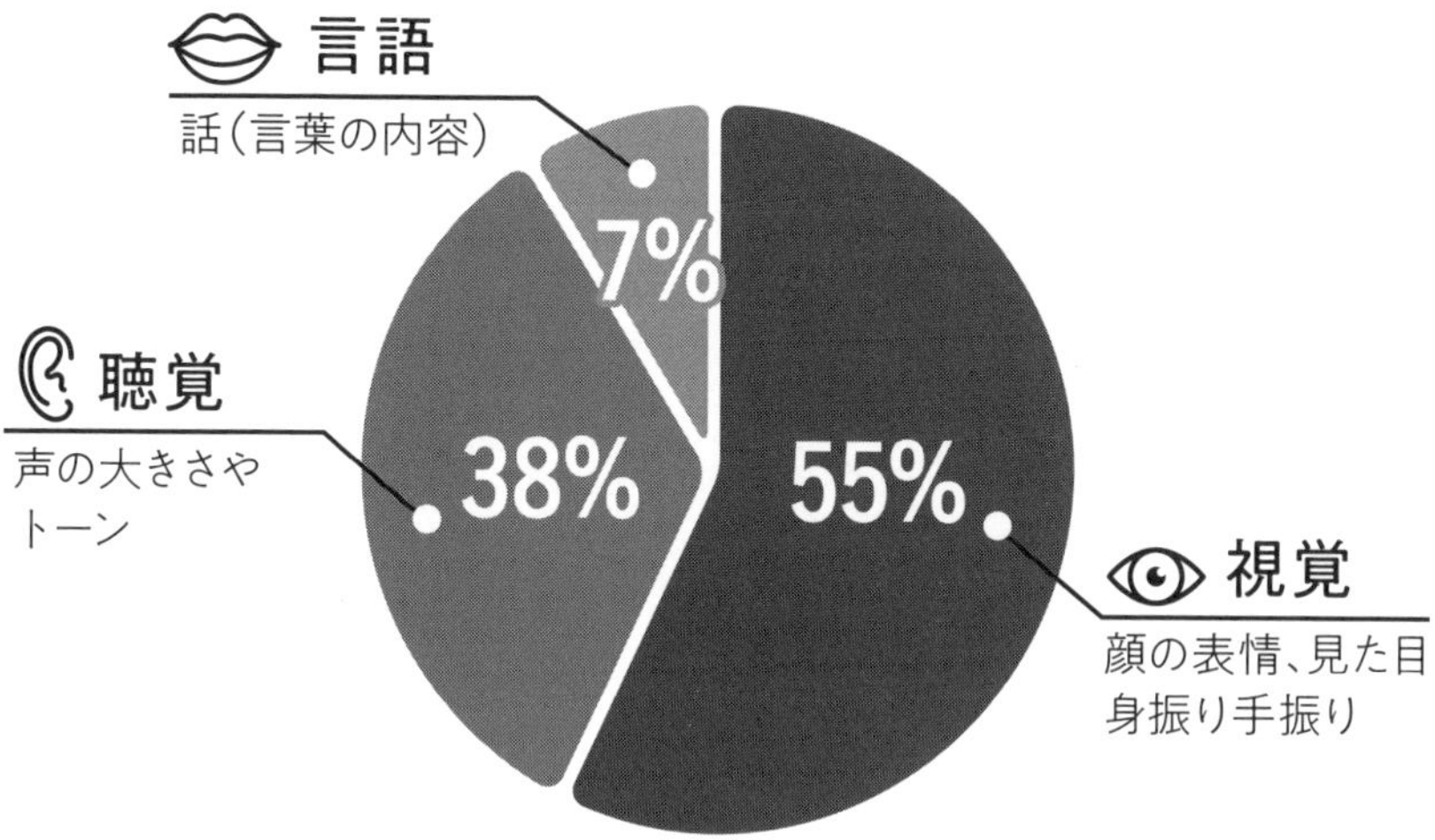

において、「話の内容と話し方、表情が矛盾した場合、人は相手をどう判断するか」の基準を示したものです(図表6-2)。

①話(言葉の内容)は7%(言語情報)
②声の大きさやトーンは38%(聴覚情報)
③顔の表情や見た目、身振り手振りが55%(視覚情報)

明るいテーマにしては表情が暗いとか、希望を提起する演説のはずなのに声が小さい、服装があか抜けないなどの場合、人が相手をどう判断するのかの基準を示したものですが、人の「好意的」な受け止め方について言語と非言語コミュニケーションから説明しています。

話の内容よりまずは見た目重視が実験により証明されたということでしょう。

ジャーナリスト

《役割》
①政府や官僚などの公権力が暴走しないよう監視し、チェックする。
②社会のできごとに潜んでいる事実を探り、課題を提示する。
（主権者である国民の「知る権利」に奉仕する）

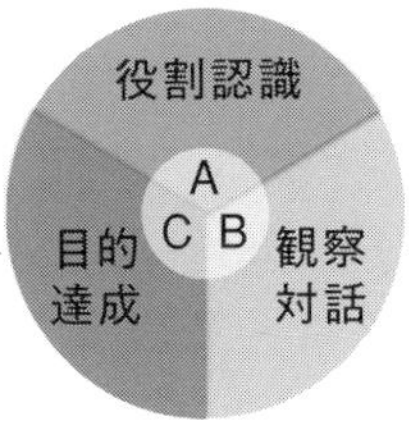

ジャーナリズムは「第四の権力」といわれ、①が主要な役割です（先立つ3つの権力は立法・司法・行政。国民と、立法・司法・行政の国家機関を束ねて「第三の権力」という説もある）。

ジャーナリストとはマスコミのなかで、主に放送や新聞、雑誌、ウェブなどの報道記者を指しており、①と②のために（A）、社会的なテーマを選んで現場に行き、人に話を聞き、事実を確認します。そのなかで共感したり、異論を感じたりして自分の見解をもち、分析して問題点や解決策を伝え、問題提起し解説する職業です（C）。

まだ記憶に新しいフリー記者・安田純平さんの40カ月におよぶシリア拘束と解放（2015年6月～2018年10月）は、危険地域の取材を誰がするのかと、（当然ある）国家の救出責任について多くの論争を招いたように（AとCの対立）、ジャーナリストが②を伝えるうえで、いかに重い覚悟と十字架を背負っているかを示したものでしょう。

週刊誌や新聞では表現の自由と人権やプライバシー侵害の問題が絡みやすく、公共性がどこまであるかの判断に迫られますし、テレビだと「視聴率」（観る側の好みや望み）と①②の目標に沿う「伝えたいニュース」の狭間で商業報道に偏らない苦悩が横たわりそうです。

1994年の「松本サリン事件」をご記憶でしょうか。長野県松本市で起きたオウム真理教によるテロ事件ですが、警察の発表とリークに誘われて、ほとんどのメディアが河野義行さんを容疑者扱いにして報道（松本サリン事件の被害者）。①の公権力の暴走を許し、②のための現場取材が根本から脱落していた（AとBの欠落）典型事例として大きな教訓を残しました。

『職業としてのジャーナリスト』（筑紫哲也編・2005年・岩波書店刊）で吉田敏浩氏は、こんな説明をしています。「取材で人に会って話を聞くとき、いろいろな質問をする。しかし、問いを発するということはすなわち自らの内実もまた問われることにほかならない。こちらの質問の内容からはもちろん、言葉遣い、態度、返答への反応や感想などからも、相手は取材者がどんな人間なのか、関心の方向性、知識と問題意識の程度などを読みとる」。

「何かを取材して書くということは、ものの考え方、感受性、想像力、価値観、そして極端にいえば、自分がどういう人間なのかまでも問われることになるのである。むろんごまかしは効かない。いやがおうでも等身大の自分自身を見つめないわけにはいかなくなる」。

取材の相手からもAの役割認識とBの対話力を問われ、双方向性が信頼関係を高め合ってこそ、①と②

の目標達成ができるということでしょう。表現と演出の核心をついている奥深い本質論として納得できませんか。

アナウンサー

《役割》
①情報を視聴者に正確に、わかりやすく伝える。
②取材や下調べにより情報を集めて、番組をスムースに進行する。

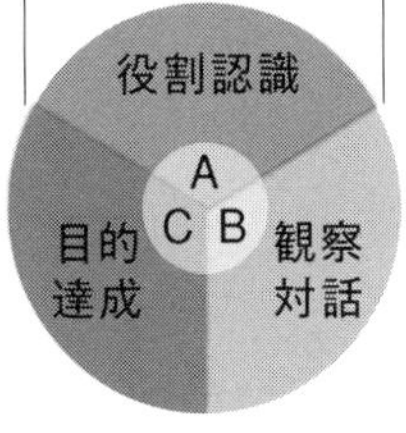

主な仕事はテレビやラジオ放送などを通じて、自分の声や言葉でニュースを伝達したり、取材やインタビューをして内容を広く知らせること（①／②は不随的役割）。

正しい日本語や文法・アクセントが要求され、画面に表情や姿が映るテレビでは、話の内容（言語情報）、声の大きさやトーン（聴覚情報）、見た目や印象（視覚情報）を駆使して全身で視聴者に伝達・表現しています。

テレビ局でアナウンサーとキャスター両方の経験者に、Bの具体的方法として「魅力的な話し方」を聞きました。

①本人が魅力的だと話し方も魅力的。
②聞き上手は話し上手。
③聞き手に驚きを渡す。
④わかりやすく、おもしろく、ためになる話をする。

さらにBを掘り下げて、「相手にインタビューするときの心得（本人の表現術）とは何でしょうか」には、

①話し相手に興味を持つ。
②相手に信頼感・安心感を持つようにする。
③事前準備をして、思いがけない話題で新たな気づきを提供する。
④自分の聞きたいことを決めておく。
⑤相手が専門家の時は質問できるレベルまで勉強する。

Cの土台となる信頼関係の構築のためには、

①ニュートラルになる。
②相手の意見を否定しない。
③先入観を持たない。

④誘導しない。
⑤話の腰を折らない。
⑥傾聴すること。

取材やインタビューが番組のコンテンツになる場合、知識不足が露呈したり、昨今は特にタレントや芸人が中途半端になりがちなコメントを出したり、敬語の使い方に混乱が見られることはAとBが不十分で、Cに至らないことがあるので、マスメディアの重要性から自己研鑽を応援したいと思います。

指揮者

《役割》
①オーケストラや合唱団による演奏をまとめ完成した作品を公演する。
②楽曲の分析をし、演奏者たちとのコミュニケーションによりイメージを統一する。

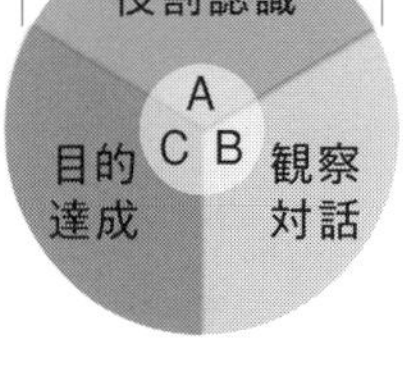

100人前後のオーケストラを率いる指揮者は会場と聴衆は限定的ながら、強力なリーダーシップを求められるゆえにともすれば、権力的な存在かもしれません。公演本番では、①の事前準備ができあがっているので、団員との対話は「指揮棒1本」で言葉は介在しませんが、広くは数千人の観客をも巻き込む表現の世界は演劇に似ていて、演技そのものです。

知人に世界的に著名な指揮者がいて、何度かゲネプロ（独語）やリハーサル（英語）と呼ばれる通し稽古の現場を見せてもらいました。②のコミュニケーション現場です。

時には楽器（編成）ごとに、時には個人の演奏者に声をかけて、糸を紡ぎながら布を織っていくように演奏曲をつくり上げていきます。

「ここをピアニシモで春風のように弾いていただけますか」

「地から湧き出てくるようにお願いします」

「そうそう、いいですねぇ」

「ご協力に感謝いたします」

などと細やかに指示し、「ありがとう」を伝えながらアイコンタクトを入れて、まとめていく様子を目の当たりにしてきました。演奏者は特定されているので、お互いに向き合い方や距離感はわかったうえで、Aをもって準備に至るプロセスは全員が共有しており、Bの観察や共感、信頼関係を築いて、あとは表現や演技に集中してCの目的達成に向かいます。

この指揮者は演奏の最後に、編成ごとに演奏者を讃えて感謝を伝え、聴衆に披露するのですが、さらに、観客にスピーチすることが慣例でスポンサーなど協力者に感謝し、「会場のみなさまからパワーをいただきました」などと心地よく挨拶します。普通、指揮者は言葉を発しないのですが、メッセージが会場にいる全員に伝わると音楽の感動が何倍にも広がり、Cの目的に到達できた上聴衆には鮮明な思い出として残ります。

政治家

《役割》（国会審議の場で）
①審議している法の問題点を明らかにする。
②適切な立法を実現する。

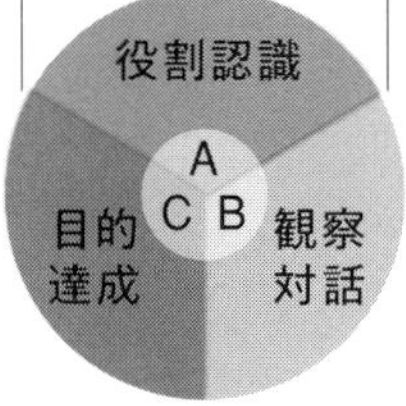

国会中継を観ながら議員の中でも総理や大臣の言動を観察していると、大半の答弁が官僚の書いたペーパーを丸読みしたり、プロンプターを使うのは慎重を期すためでプラスもありますが、Aの役割意識が希薄（準備と勉強不足）とか、審議なく裏で決まったことを儀式的にこなす印象を与えるので、演劇的手法

を取り入れるとか、できるだけ自分の言葉で語ってほしいと思います。質問に答える場合の「Q＆A外し」（まともに答弁しない）は、立法の実現を阻むものとしてBの表現（対話や説得）に問題があることになりかねません。

さらに、回答が終わらないうちから顔を半ば背けて席に戻る体型の傾きは、対話を中断する姿勢を示すものですし、質問者への観察も中途半端になります。もう一つ、気になるのは大半の答弁が官僚の作文を読むことに終始するため、顔を質問者（その先にいる国民）に向けていないとしたら、結果としてBの対話や説得に至らず、Cの目的達成にも至らないのではないでしょうか。

すべてを自分の言葉で語ることは、むずかしいでしょうが、相手の目を見て丁寧に説明することが基本です。その点、諸外国の大統領や大臣は自分の言葉で語る場面をよく見ますが、演技としてのパフォーマンスに長けているのは、子どもの頃からの教育や社会の風潮によるのでしょうか。

30代末まで大きな官庁にいて、トップの演説や答弁を書いていた経験からの私見ですが、A、B、Cすべてが欠落したら、国や社会の行方が不安になります。地方の首長や議員の方が住民と直に接する機会が多く直接の対話を求められるはずですが、不祥事を耳にするつどチェック機能の甘さと同時に、私たち市民もまた政治家を厳選し、自分たちが民主主義を育てるという姿勢の基本が根づいていないのでは……と感じています。「政治は言葉でつくられる」といわれますが、国民の心に響く言葉で訴えかけ、政策を実現するのが政治家の役目ということでしょう。アメリカ合衆国第35代大統領のJ. F. Kennedy（１９１７～１９６３）が残した『国があなたのために何をしてくれるかではなく、あなたが国のために何をできるかを問うてほしい』は、市民の役目を訴える名言です。

《プロフェッショナルの演劇手法④　仕事にどう演劇を活かすか》

★諏訪市長★

故郷への貢献は大きな耳とドラマ仕立てで

金子《かねこ》ゆかり

長野県諏訪市生まれ。諏訪市長。大学卒業の1981年に株式会社服部セイコー（現セイコーホールディングス株式会社）入社。のち、長野県議会議員（金子松樹）秘書、1999年から長野県議会議員を3期勤め上げた後、2015年より現職。

◎仕事のはじまりは人の支えとネットワーク

大学を出て13年半、都会で頑張っていました。会社は女性への配慮が豊富で、働きやすく、とても良い環境の下で育ててもらい、いまでも感謝しています。

仕事もおもしろく充実しているときに、突然母の命があと半年と宣告されたのです。（長野県議をしていた）父も母の看病をしながらでは大変だろうということもあり、仕事を続けたい思いとの葛藤の中で揺れ動きましたが、両親への親孝行は一生に1回、ここしかないと決断し、諏訪に戻りました。

母の看病をしながら父のサポートをはじめたのですが、私が36歳のときに母は亡くなりました。とても落胆しました。それから父の秘書を4年つとめ、後をついで1999年に県議会議員に初当選。ところが4年後の2期目の選挙は落選。落選中の4年間をどうしようかが大きな課題となりました。専門的な勉強をしたかったのと視野を拡げるため大学院への進学を考えたところ、後援会の意見が2つに割れました。

当時は某大学の教授が「女性の学歴が高いと当選率が落ちる」とのレポートを出したころです。これ以上、学歴を上げてどうするんだ、それより一軒でも多く顔を出して歩くことが必要だという意見と、浪人中に、自分のやりたいことをやらせたらどうなんだという意見との狭間で、自分でも揺れ動きました。

結果としてこのチャンスに何かをつかみたい思いのなか、早稲田の大学院（公共経営研究科）に2年制と1年制の併設があることを知って、折衷案として選んだのが1年制でした。同級生や多様な分野の先生方と出会えたことが仕事にもつながるネットワークとなり、いまにもつながっています。

自分が積み上げてきた強みの一つは、人の支えをいただいてのネットワークです。さらに、地元に帰れば後援会があり、父の代からの先輩たちが支えてくれています。よく、金子ゆかりは強すぎて対抗馬が出ないといわれますが（県議選の3期目と市長選の1期、2期ともに無投票当選)、私が強いというより後援会のみなさんが強固な組織をつくってくれたということだと思います。

◎お腹の底から出る表現が一番伝わる

「いざ勝負のとき」とは、選挙の出馬を決断するとき、大きな事業を進めるか、撤退するかというときです。市長にはお役目上、日々重たい責任がかぶさってきて決断の連続です。そのなかでも「いざ勝負のとき」は覚悟の度合いがまったく違います。

勝負時の表現力と演技力ですか？　どうやって見せようかはテクニカルな部分で、それも凄く重要と思うけど、自分が本当に思っていることがお腹の底から出てくる結果としての表現が私としては大事だと思いますし、それが一番相手に伝わるように思います。

お腹の中では思っていないが、表現で見せる場面は処世術として必要なときもあるでしょうけど、いざ勝負という本当に決断しなくてはならないときには、表現テクニックを磨くだけではなかなか伝わらないのではないでしょうか。お腹にコアな気持ちがあって、何が何でも伝えようと考えれば、それが泣き顔だろうが、怒り顔だろうが、笑顔であろうがどんな形でも伝わるように思うのです。

◎落選の反省から座右の銘は「大きな耳」

1期目に当選したときは、素人ですし、県議会議員は自分の主張がないといけないと思い、一生懸命に肩ひじ張って頑張っていましたが、2期目の選挙で落選しました。革新的で急激な変革の知事の時代になり、県政に嵐が吹いて、厳しい状況でした。確かに向かい風もあるけど、自分の実力が備わっていれば負けなかったはずですから、市民は「金子ゆかりには実力がない」と判断したのです。

そのときに考えたことは、私は議員だから自分の考えをきちんと持って、発言すべきと考えたのですが、その考えにも一理あるけれど、一方で代表者として県議会に行ってくれと選んでくれた有権者からすれば、人々の声を聞いたり、気持ちを汲んだり、状況が何かを把握し理解してその力を県政に届けてほしかったのではないか。それができていたのか、との自問と自省でした。そして、自分のことよりも市民の気持ちや相手のことを考えることが大事だったことに気がついたのです。

1期目の座右の銘は、「心を尽くして名を求めず」でしたが、再挑戦にあたって加えた座右の銘は「大きな耳」です。まずは相手の気持ちや市民の心の声を聞くこと。いまも日々の行動の戒めとし、大切にしています。

◎仕事の舞台をドラマのシーンに考える

前提として人が好きです。どんなに変わった人にも「うふっ」と思えるような愛すべきところがありますよね。以前は天敵かなと思えるような人がいましたが、全否定をしたり、徹底的に嫌いになることはなくて、評価すべき功績など、客観的な視点で考えるようにしています。

市役所で大勢いる職員のなかには市民からの厳しい要求やクレームなどの対応のなかで、先方へ出入り禁止的な状況に陥ることもあります。担当はしょげ返りますよね。周りからもいろいろといわれる。その際、私はマンガかテレビドラマのシーンとして考えるようにオススメします。すると、気持ちが楽になるのです。

今回の課長は悪役なんだから、係長には良い役をお願いしますなどと、水戸黄門のドラマの雰囲気をつくっているんです。「悪役は耐えるしかないね」というと、だんだん彼の表情がラクになってきます。現実に直面した人は困ったなあと苦しんでいるわけです。でもこのドラマはどう展開するかわからないこともある。他の場所で会ったときに、「おお、悪役、頑張ってますか」と声をかけると、双方で笑えるようになるものです。

毎日起きている事実は「小説より奇なり」ということがあるでしょう。だから次々と起きることをドラマだと思えば、深刻さや窮地から救われる効果があるように思います。

法曹（弁護士・裁判官・検察官）

《役割》（公開裁判を例にして）
①適正な手続きのもと、公正な裁判を実現する。
②司法に対する国民の信頼を高める。

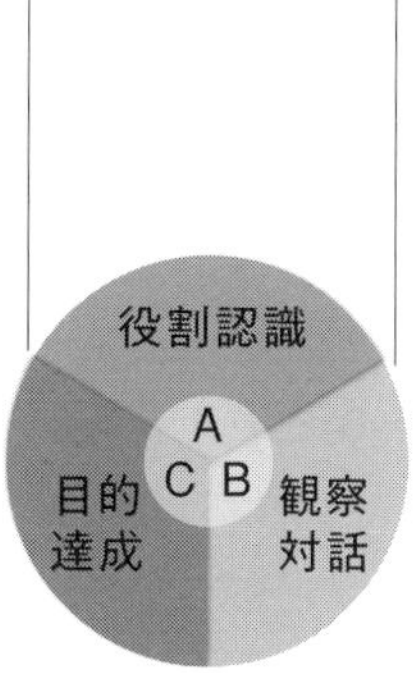

弁護士は民間にあって民事で法律事務を扱い、刑事事件では検察官と渉りあう要職です。裁判官・検察官は裁判でのかかわりは元より、逮捕状の発付や捜査や起訴（裁判にかける）や有形力の行使（身体の拘束など）といった権力行使ができる支配の立場にあって人の社会的生命を左右する職業。彼ら法曹の一挙一動により不正が暴かれ、被害者が救われたりします。

数年前、東京地方裁判所に行き、刑事裁判を5件、傍聴しました。被告人が手錠と腰縄で入廷し、裁判官や検察官、弁護士との間で早口の調書朗読などがあり、裁判官が声をかけました。麻薬や窃盗は犯罪を繰り返す再犯が多く、裁判官が反省を促し、励ましの言葉をかける説諭の場面を見ましたが、本気で声をかけるにはパフォーマンスに映りましたし、声が小さくて、傍聴席まで明確に届きませんでした。

①の要件は満たしているものの、②の国民の信頼を高めるには、Aの役割認識とBの対話と説得が不

十分で、Cの目的達成に至りません。人の人生を裁く立場にいる高度な専門職は（演技まで求めませんが）表現するための基礎的な訓練があっていいのでは？　という感想を持ちました。

２００９年５月に、裁判員裁判がはじまって丸10年。以前からの通常裁判とどう違うかを確かめようと２０１９年５月、東京地方裁判所に出かけ、殺人未遂事件を傍聴してきました。裁判員制度は、プロの裁判官だけが行なっていた刑事裁判の審理に一般市民が加わるものです。

第１回目の公判で、法廷には被告人は男女各１名。３名の裁判官と６名の裁判員。検察官と弁護人が５～７名ずつ、その他に書記官が入廷しており、傍聴人は35名以上。

まずは「冒頭手続」があり、人定質問（本人の確認）、起訴状朗読、黙秘権の告知、罪状認否が行われました。続いて「証拠調べ手続」は検察官による起訴状の詳細について証拠による事実の説明が述べられて、弁護人の冒頭陳述（事件のストーリー）と続きました。

裁判員に法律の専門知識や法曹界の常識がなくても内容を理解してもらい、共感を得ようと、検察官も弁護士も裁判官も平易な説明をしましたし、弁護士の話は現場を連想させる物語的な語り口を感じました。数年前に傍聴した通常裁判と較べると格段の進化。

裁判官から「プレゼンテーション」という言葉が出たのはやや驚きでしたが、その通り、検察官や弁護士は優れたプレゼンテーションをし、若手の弁護士が法廷の中央で書面を見ることなく５～６分の冒頭陳述をした姿には、「刑事裁判が変わった」と実感しました。高度な専門集団の法曹界に対話や表現が根づいてきたのは、苦節10年の大きな成果でしょう。あなたもいつか「裁判員」に選ばれるかもしれませんので、近くの裁判所に出向いて、傍聴してみてはどうでしょうか。

終幕

ドラマの先に望む本物の価値

イギリスの子どもは学校で「ドラマ」を学ぶ

音楽や美術と並ぶ教科として「ドラマ」（演劇）を学ぶ――これは日本人にはなじみが薄い話ですが、イギリスでは国民の自治意識の向上、市民参加・政治参加の促進を目的として、20世紀の初め、１９００年代から子どものへ教育がはじまり、戦争後に「ドラマ教育」と「ドラマ教師」が社会に浸透していきました。

「ドラマ」は必ずしも単独で扱われてきたとは限らず、国語や総合学習の中でワークショップとして活用される場合もあるようで、サブ的な立ち位置にあるのかもしれません。性格的には、教育科目というよりクリエイティブの学習手法で、現在まで日本では当然と考えられてきた「僕教える人、君たち教わる人」の関係を改良して双方向の対話を軸に、プロセスを重視する学習スタイルに改める分岐点になりました。

イギリスは多民族で成り立ち、移民も多いため「多様性」の受入れに迫られる社会背景があり、少数意見や別の考え方を尊重する相互理解が求められることも理由だと思います。

「ドラマ」が重視されるか、どう扱われるかは、時の政権の考え方で変化してきました。

マーガレット・サッチャー首相（１９７９～１９９０年）の時代には、地域や学校の独自色よりもカリキュラムの統一を優先するなどして、個々人に自力救済を求める教育を求め、「ドラマ」は停滞気味だったとの評価が残されています。

２０００年代からの「シチズンシップ教育」

その後、トニー・ブレア首相（１９９７～２００７年）は最大の政策目標を教育として、あまりにも有名な名言を残しました。

「１に教育、２に教育、３、４がなくて５に教育」です。

１９９０年代のイギリスでは、若者の疎外（youth alienation）が深刻でした。いまの日本の状況に似ているのですが、政治的無関心、低投票率、政治や社会に抱く疎外感、コミュニティの劣化、市民参加の機会減少、多文化社会が進むなかで共通の価値観の欠如などです。

この解決策としてブレア首相が考えたことは、「能動的な市民の育成」であり、民主主義の発展でした。２００２年に「シチズンシップ（市民）教育」を中等教育における必修とし、７～11学年に「社会参加・政治参加のための知識と技能を育むカリキュラム」を提供しました。その当時の課題として、専門教員の不足、教員の知識不足、不十分な教員養成、教材の不足、評価方法の未整備などが横たわっていたとされますが、現在の日本に類似する共通項が多数ありそうです。

市民教育の要には自分で問題発見をし、意見を表明し、率先して解決に取り組む資質と能力をもつ若者を育てないと国が危うくなる。意見の表明という点で、コミュニケーション能力が重要とされ、「表現力向上の授業をどうつくるか」が推進されたものと思われます。

アメリカも「自分で行動する市民」を育てる

こうして紆余曲折を経ても、ドラマを指導する主役は、外部から臨時でいくプロの俳優や演出家ではなく「ドラマティーチャー」の教員免許を持つ専任がいて、プロの演劇活動とネットワークを持っていることは、日本の現状を考えると一歩も二歩も先を進んでいることに間違いなさそうです。

学校の「ドラマ」はどんな役割を果たすのでしょうか？

誤解されがちですが、演劇を教えるというのではなく、演劇を通じてさまざまな科目に創造力や柔軟性のヒントを提供する手段として考えられ、加えて「授業をいかにおもしろくさせるか」ということでしょう。子どもたちにとっては、一方通行ではなく参加型の学習スタイルで、たとえば、いじめなどの問題解決を考えることもドラマ教育の一環で行われています。

参考までに、アメリカの市民教育について調べてみました。ドラマの科目があるか、どう運用されているか、詳細はこれからですが、たとえば、ノースカロライナ州では、幼稚園から小学校5年生までを対象に、グローバル・コミュニティで貢献できるリーダーを育成しようと、「リーダーシップと国際教育」のプログラムが用意されています。

内容は、模擬選挙や海外留学生との交流・対話、市長との交流、市議会で議論されている交通やごみの処理などで、生徒が議会を公聴し、自主研究をするなど、子どもの頃から政治を学んでいるのです。これは大人になっても（先進国で一番）政治を話さないとして、時には「平和ボケ」と揶揄される日本人とは対照的ですね。

アメリカもイギリスの市民教育と根本は同じです。国民の自治意識を高めて市民参加や政治参加を可視化して英知の結集を図り、国家の繁栄と安全保障のために（すなわち国の衰退を防ぎ、国民を貧しくさせないために）いつも民主主義の仕組みをブラッシュアップする。市民教育や「ドラマ」の学習はその重要な一環を担っているのです。

知らないうちにリアルなドラマがはじまった

これらに比べ、市民教育が発展途上にある日本について、「ハーメルンの笛吹き男のように言葉やパフォーマンスにみんなが魅了され、知らないうちにどこかへ連れ去られてしまう現象がいま起きているのではないか」は、ジャーナリストの筑紫哲也さんが晩年に発した警告です。表現力を高めることが求められる時代とはいえ、良からぬ誘導を意図する側の表現や演出は更に巧妙なので、防波堤としていかに「知を高める」かが問われてくるでしょう。

終幕をまとめているいま、日本も世界も新型コロナウイルスの惨禍が広がって１００年前のパンデミック（スペイン風邪の世界的大流行）が再来したかのように地球を支配するに至り、先行き不安のため誰しもの心が凍りついています。

感染拡大を防ぐため、生活に必須のサービスを除いて不要不急以外は外出を制限されるのだから、これまで解決を願ってきた「ひきこもり」を要求されるリアルなドラマにも思えてきます。仕事に行けない、学校に行けない、友だちに会えない。人とのつながりを断つことが最良の防衛になるという自粛要請だから表現以前にコミュニケーションができません。

長いトンネルを抜けた先の希望

やがては終息するとして、ポスト・コロナ社会はどうなるのでしょうか。

川端康成の小説『雪国』にある「国境の長いトンネルを抜けると雪国であった」が脳裏に定着しました。いま、遭遇している長いトンネルを抜けた先に広がる社会の光景や仕組みやルールは、良し悪しを含めてガラリと変わるように思えてなりません。

これまで人々は所属先の会社や店、あるいは学校などを往復していたのですが、目下多くが自宅にいて、仕事や勉強、時には遊びもパソコンの画面に向かってこなしています。ズームやスカイプなど、インターネットを使って遠隔地にいる人たちとＷＥＢ会議をやってみれば、便利なことを知りました。

日常では職場や学校などと住まいの２カ所を必要としたのに、自宅１カ所ですむとしたら、企業も学校も建物や設備の固定費を縮小できるし、不動産は有り余るため暴落するかもしれないとの予測もあって、経済的な大打撃は計りしれません。

たとえば、大学は当面ライブの授業を開けないからオンデマンドに切り替えていますし、小中高校や学習塾も手段を変えています。学校は知識を得る場として考えれば、ライブでなくてもやれるよねとなり、そこにＡＩがスピードアップで進出するとしたら、大きな校舎をもち一斉集合を当たり前にしてきた仕組み自体が存在意義を問われることになるでしょう。

「生身の教師や学友と対面せずともＡＩやロボットの方が優秀でおもしろいし、気楽だよね」となれば怖い話になるのですが、学校の教室に縛られず、その道のプロと現場体験で学ぶとか、これまでの当たり前をもっと自由な発想でモデルチェンジできる良いチャンスになるかもしれません。

現在、巣ごもり状態でタコツボにいる子どもも大人も、街を自由に行き来して、人との立ち話や会食や共に学ぶこと、仲間と働くこと、好きに遊ぶことが、どんなに楽しかったことか。早く以前の暮らしに戻れることを日々切実に、願っていることでしょう。

やがてコロナが去り、演劇の舞台やコンサートやさまざまなショーが（もしや態様を変えながら）戻ってくるはずです。オンデマンドに慣れ、委縮がちな経済環境で暮らす人々が舞台をはじめ仕事やサービスや商品などに望むのは、「本物の価値を持つ一流」ではないでしょうか。その結果、多くの読者のみなさんにとって砂岡誠さんが述べた「日常のなかの物語に感動」できる日々になりますように。

エピローグ

物語の先にあるもの

本書は演劇の専門書ではありませんが、ビジネスマンや俳優を目指す人たちが今日の社会生活において役立つことを願って編集された内容です。第3幕までは単なる演劇の本というよりは政治学的な視点を取り入れてまとめています。

人が2人集まればドラマが生まれる

急速な国際社会はハイパーグローバリゼーションのもとに、さらなる進展を目指すかにみえました。しかし、2020年初頭に発生した新型コロナウィルス感染問題によって世界は大きく分断され、結果的にナショナリズムの強い色彩傾向が現れました。人類未知の経験は、世界中を不安な境遇に陥れています。

知られているように、今日の経済基幹システムである多国籍のサプライチェーンの仕組みが機能しなくなると、世界経済は大きく失速していきます。さらに自国優先の哲学に向かえば、競争原理のもとに弱者たちは行き場を失ってしまいます。

新型コロナウィルス感染問題をきっかけとして、世界は驚くほど変貌していくことと思います。各国企業はグローバル化に反省して生産拠点の見直しを迫られると思いますが、グローバリゼーションはますます進展していくことでしょう。なぜなら、目に見えないデジタル空間が効率や利益を目指して拡大していくからです。

そして何より重大な安全保障の議論が欠落していくと、軍事力としての細菌兵器に対する意識の脆弱性が露呈されたことにより重大な局面を迎えています。そうなると人類の存亡危機に発展するといっても過言ではありません。

コロナ以降の人類が未知の世界に突入していくなかで、人間が人間らしく生きていくためには、「人と人とが創るストーリーから学ぶ」ことが重要だと思います。本書で繰り返し述べていますが、人間が持つ「共感」の原理が人々に生きる元気や勇気をもたらしてくれます。その原理としての手法が「演劇」なのです。演劇は人間社会が描く文化芸術の基本（ベース）となるものであり、プラットホームでもあります。その発展形はさまざまなスタイルがありますが、たとえれば、アプリのようなものです。人間らしく生きるために多方面で活用していくことができます。

人が2人集まれば、そこからドラマが誕生します。「人と人とのドラマストーリー」の意義は、人間が求める安心と安全の世界の追求にあります。悪事を働いて富と権力を手に入れても、それは人の人生としては成功とはいえません。貧しくとも心穏やかな生活が送れる毎日があることが本当の幸せにつながるのだと思います。

演劇のストーリーは移り変わる世界的な変化のなかにあっても、いつでも効果を発揮し、有効化されるものです。その基本はみんなで創るもの、すなわち民主的な思考であると思います。演劇がギリシャ・アテネの民主主義のはじまりの時代に派生したことからも明らかです。ですから、人々が共感して感動するストーリーは、どんな時代でも伝えられ、受け入れられる価値のあるものです。読者のみなさんのご成功を心より願っています。

本書の出版にあたっては、第6幕で羽田智恵子さんの多大なお力添えをいただきました。演劇を社会発展のために活かせるという視点があってこそ実現したものです。羽田さんのアイデアの構成によりすばらしいコラム原稿をいただいた児島剛さん、藤田孝典さん、工藤英資さん、金子ゆかりさんにお礼申し上げます。

第4幕は文化庁の委託事業で長期間にわたるワークショップと学校公演の体験から山口泰央さん、第5幕は演出家・俳優である栗田芳宏さんに執筆してもらいました。栗田さんのオリジナルである俳優訓練システムは優れたメソッドとして確立されています。

最後になりましたが、生産性出版の編集者である村上直子さんの粘り強いお力添えなくして出版の実現はなかったことと思います。あわせて執筆関係者のみなさんにお礼申し上げます。

砂岡　誠

著者プロフィール

砂岡 誠　（劇団ひまわり）演劇プロデューサー

劇団ひまわりで幅広いジャンルの舞台をプロデュース。ミュージカル『スクルージ』、舞台劇『コルチャック先生』『宮沢賢治』『少年H』など。早稲田大学大学院修了（公共経営）同博士後期課程中途退学。早稲田大学パブリックサービス研究所招聘研究員。

――――――――プロローグ、第1幕、第2幕、第3幕、エピローグを担当

山口 泰央　（劇団ひまわり）俳優

劇団ひまわり俳優部所属・俳優養成所講師。全国の小学校や公共ホールなどで巡回公演に参加しながら、脚本執筆や演出も行う。2005年には脚本・演出した『とんでろじいちゃん』が日韓友情年における文化交流作品として韓国三都市にて公演。近年では脚本・演出として参加した全国銀行協会主催による特殊詐欺撲滅に向けた作品が日本各地にて上映されている。また、演劇手法を使ったコミュニケーション能力向上のためのワークショップ講師としても活躍中。

――――――――第4幕を担当

栗田 芳宏　（劇団ひまわり）演出家、俳優

日本演劇協会正会員、KURITAカンパニー主宰、劇団ひまわり俳優養成所所長

2004年より、りゅーとぴあのアソシエイト・ディレクターとして、能楽堂シリーズ『マクベス』『リア王』『冬物語』『オセロー』『ハムレット』『テンペスト』を手がける。そのうち、『冬物語』は2006年ルーマニア国際シェイクスピア演劇祭、2008年ハンガリー、ポーランド、ドイツの国際シェイクスピア演劇祭に招聘され高い評価を得、『ハムレット』は2010年ポーランド・グダンスク国際シェイクスピアフェスティバルにラストプログラムとして招聘される。その他、多数の作品を演出。

――――――――第5幕を担当

羽田 智恵子　（途中塾）代表理事

東京都庁で医療と保健政策部門の人事制度と研修に携わる。40代で民間に転じ出版社の役員に。国際通信社を起業し世界のタウンニュースを配信。この間に外務省・日本外交協会と「海外安全ネットワーク」事務局長。多様な情報と海外渡航120回の国際的視野で日本人の表現力向上と学校再編成を研究。2006年筑紫哲也を塾長に（一般社団法人）途中塾を開講し若いトップリーダー育成に演劇手法を導入。早稲田大学公共政策研究所招聘研究員。早稲田大学大学院公共経営研究科修了。

――――――――第6幕、終幕を担当

近藤 美鈴　（劇団ひまわり）俳優

愛知県名古屋市出身。名古屋芸術大学デザイン学部デザイン学科卒業。劇団ひまわり・ブルーシャトル所属の女優として、舞台・ミュージカルに出演するほか、TVドラマや企業CMなど多方面でも活躍中。

――――――――第5幕、モデルを担当

演劇思考

「人生」と「ビジネス」を成功に導く「ストーリー」

2020年6月19日　初版第1刷

著　者　　　砂岡 誠 山口 泰央 栗田 芳宏 羽田 智恵子

発行者　　　髙松 克弘

発行所　　　生産性出版
〒150-8307　東京都千代田区平河町2-13-12
日本生産性本部

電　話　　　03(3511)4034
https://www.jpc-net.jp/

印刷・製本　シナノパブリッシングプレス

カバー＆
本文デザイン　hitoe

編集担当　　村上 直子

乱丁・落丁は生産性出版までお送りください。お取り替えします。

ISBN978-4-8201-2103-9